Kaffee
in Wien

W0072252

|Holzbaum

INHALT

Für unsere Mütter

Stadtbekannt Medien GmbH (Hg.) Kaffee in Wien
www.stadtbekannt.at

Fotos & Layout Stadtbekannt Medien GmbH
Grafische Umsetzung KoCo, www.koco.at
Druck Theiss, St. Stefan im Lavanttal

Verlag Holzbaum, Wien
www.holzbaumverlag.at

1. Auflage 2014
ISBN 978-3-902980-14-4

VORWORT

Wir lieben Wien. Und Wien liebt den Kaffee. Nicht umsonst
gehört die »Wiener Kaffeehauskultur« seit 2011 zum immateri-
ellen Weltkulturerbe der UNESCO. Nicht umsonst gibt es hier
so viele Kaffeehäuser wie in nur wenig anderen Städten und
nicht umsonst war es gar nicht schwer ein ganzes Buch rund
um den Kaffee in Wien zu füllen.

Von Herkunft und Verarbeitung über die Verwandlung des
Wiener Kaffeehauses bis hin zum ultimativen Café-Führer
wurde es nie langweilig noch mehr über das braune Gold
herauszufinden. Da kann man schon einmal philosophieren
und diskutieren, ob denn der »Wiener Kaffee« der beste sei,
in welchem Kaffeehaus es am gemütlichsten ist oder ob denn
Milch im Kaffee überhaupt Sinn macht.

Die Wiener Kaffeehauskultur bleibt bestehen und verändert
sich ständig. Ob Oberkellner im Smoking oder Third Wave
Coffee-Spezialisten – sie alle, genau wie wir, lieben eine
gute Tasse Kaffee. Also Buch aufschlagen, Platz im Kaffeehaus suchen und das Kaffeetscherl bis zum letzten Schluck
genießen.

VOM STRAUCH BIS IN DIE TASSE

Dass Kaffee nicht in Tassen wächst dürfte jedem bewusst sein. Wie lange jedoch der Weg vom Strauch in die Tasse ist, das ist wohl nicht jedem so klar. Woher kommt der Kaffee? Wie wird er verarbeitet und welche Faktoren bestimmen einen »guten« Kaffee? Auf all diese Fragen soll das erste Kapitel Antworten liefern – schließlich will man ja wissen, was man hat.

DIE LEGENDE VOM KAFFEE

Es war einmal im fernen Königreich Kaffa, im heutigen Äthiopien, ein flei-ßiger Ziegenhirte namens Kaldi. Tag und Nacht wachte er über die Herde und führte sie über die weiten, heißen Ebenen.

Als Kaldi abends erschöpft im Schatten saß und seine Ziegen betrachte-te, machte er plötzlich eine merkwürdige Beobachtung: Ein Teil der Tiere stand im Halbschlaf da, während der andere Teil – der sich verdächtiger-weise in der Nähe eines Strauches mit roten Früchten aufhielt – munter und fidel herumhüpfte. Kaldis Neugier war geweckt. Er kostete die rote Frucht selbst – und fühlte bald seine Energie zurückkehren.

In einem nahegelegenen Kloster schilderte der Hirte seine Entdeckung und gab den Mönchen ein paar der »Wunderbeeren« zum Kosten. Die-sen schmeckten die roten Früchtchen aber so gar nicht. Sie spuckten sie einfach ins Feuer – und staunten. Denn der Geruch der gerösteten Früchte war himmlisch. Geschwind wurden die Bohnen zerstampft und ein Aufguss daraus bereitet – ein Getränk war erfunden.

So oder so ähnlich berichtet die Sage – von der es übrigens unterschied-lichste Varianten gibt.

HISTORISCHER URSPRUNG

Erstmals erwähnt wurde das Getränk Kaffee im 9. Jahrhundert im äthiopi-schen Raum. Es wird angenommen, dass er von dort über Händler nach Arabien gelangte. Hauptumschlagplatz für die kostbare Bohne war die jemenitische Hafen- und Handelsstadt Mocha (Mokka).

Noch heute bezeichnet man einen traditionell zubereiteten, nicht gefilter-ten, im Kännchen aufgekochten türkischen Kaffee als Mokka. In Wien muss man aber aufpassen: Hier ist ein Mokka nicht mehr und nicht weniger als ein schwarzer, ungesüßter Kaffee.

DIE PFLANZE

Kaffeepflanzen (botanisch: Coffea) sind etwa vier Meter hohe immergrüne Sträucher oder Bäume mit dichten grünen Blättern. Sie tragen erst weiße Blüten und dann kräftig rote Steinfrüchte, die Kaffeekirschen genannt werden. Was wir als »Kaffeebohnen« kennen, sind eigentlich die Kerne oder Samen der Kaffeekirsche.

Die ursprüngliche Heimat der Kaffeepflanze liegt in Afrika und Arabien. Inzwischen hat der Kaffee aber die Welt erobert: Die weitläufigsten Anbaugebiete befinden sich in Brasilien, gefolgt von Vietnam, Indonesien und Kolumbien.

Nun ist das Kaffee-Anbauen aber keine leichte Aufgabe: Nur in ganz bestimmten Gebieten und Lagen gedeihen die anspruchsvollen Pflänzchen. Sie benötigen nicht nur einen fruchtbaren Boden und genügend Wasser, sondern auch ein dauerhaft warmes Klima ohne Frost und extremen Niederschlag.

ARABICA UND ROBUSTA

Arabica-Kaffee, auch Bergkaffee genannt, ist die weltweit verbreitetste Kaffeesorte. Sie wächst in höheren Lagen zwischen 900 und 2.000 Metern. Die ovalen Bohnen sind reich an fein-aromatischen Ölen, haben in der Mitte einen gewellten Einschnitt und enthalten rund um die Hälfte weniger Koffein als Robusta-Bohnen. Arabica-Kaffee wird generell teurer gehandelt als andere Sorten, was vor allem an dem komplizierteren Anbau-, Ernte- und Verarbeitungsweg liegt. Hauptanbaugebiete für Arabica-Kaffee sind Südamerika und Ostafrika.

Robusta-Kaffee oder Tieflandkaffee ist generell pflegeleichter als Arabica-Kaffee: Er gedeiht auch bei feuchtem, heißem Klima gut, ist resistenter gegen Schädlinge und liefert schneller mehr Ertrag. Die kleinen, runden Bohnen mit gerader Kerbe sind sehr koffeinreich. Sie schmecken erdiger und generell kräftiger als Arabica-Bohnen und sind für den Magen weniger verträglich. Der Großteil des Robusta-Kaffees wird in Westafrika und Südostasien angebaut.

Entgegen der landläufigen Meinung, Arabica ergebe einfach den »besseren Kaffee«, ist die Sorte per se kein Qualitätsmerkmal. Viel eher kommt es auf Ernte und Verarbeitung an.

Die meisten Espressos werden heute aus Bohnenmischungen zubereitet. Sie profitieren geschmacklich sowohl vom feinen Aroma der Arabica als auch vom vollen Körper und der Crema der Robusta.

QUALITÄT VS. MASSENPRODUKTION

Etwa sechs bis sieben Monate benötigen die Kaffeekirschen um zu reifen. Geerntet wird meist einmal im Jahr. Bei der Kaffeeernte kommen zwei verschiedene Verfahren zum Einsatz:

Höchste Qualität erzielt die sogenannte Picking-Methode, die besonders bei dem in großer Höhe wachsenden Arabica-Kaffee angewandt wird. Hier werden über viele Wochen hinweg immer nur die reifen, gesunden Früchte händisch gepflückt.

Bei der industriellen Stripping-Methode werden die Sträucher maschinell nach einer gewissen Zeit »abgegrast«. Die Qualität ist hier geringer, weil auch unreife und schadhafte Früchte mit gepflückt werden. Per Stripping geerntete Bohnen müssen daher nach der Ernte sorgfältig nachsortiert werden.

AUFBEREITUNG

Nach der Ernte gilt es, aus den reifen, feuchten Kaffeekirschen trockene Bohnen zu gewinnen. Dies ist gar nicht so einfach, denn die Bohnen sind umgeben von einem Silberhäutchen, einer Pergamenthaut mit Schleimschicht und schließlich der Pulpe (Fruchtfleisch der Kirsche).

Kaffee kann auf zweierlei Arten aufbereitet werden. Bei der trockenen Aufbereitung werden die geernteten Bohnen einfach zum Trocknen in der Sonne aufgelegt und immer wieder gewendet, ehe sie nach drei bis fünf Wochen die gewünschte Trockenheit haben. Anschließend können die Kaffeekirschen ganz leicht mechanisch geschält werden.

Die nasse Aufbereitung ist aufwändiger und teurer, ergibt aber üblicherweise eine höhere Bohnenqualität. Hierbei werden die Früchte zunächst gewaschen und in einem Schwemmbecken vorsortiert. Von dort gelangen sie in den sogenannten Entpulper, wo das Fruchtfleisch abgepresst wird. Die Bohnen, nur noch umgeben von Silberhäutchen, Pergamenthaut und Schleimschicht, werden nun für eine kurze Zeit vergärt (fermentiert) und gewinnen dadurch an Aroma. Anschließend müssen sie noch gewaschen und zum Trocknen aufgelegt werden.

Weitere Verarbeitungsschritte nach dem Trocknen beinhalten die maschinelle Entfernung der Pergamenthaut und des Silberhäutchens, das Sortieren nach Größe sowie eine letzte Aussortierung schadhafter Bohnen.

DIE RÖSTUNG MACHT'S

Eine wahre Wissenschaft und zugleich Kunst ist die Röstung des Kaffees. Sie ist nötig, um die Bohnen überhaupt erst genießbar zu machen – doch mit welchem Gerät, wie heiß und wie lange geröstet wird, liegt im Ermessen des Produzenten.

Die qualitativ hochwertigsten Röstergebnisse erzielt man im traditionellen Verfahren durch langsame Röstung bei niedriger Temperatur, weil sich hier Aromen am besten entfalten. »Supermarktkaffee« wird jedoch meist industriell kurz und extrem heiß geröstet. Die Folge: Bitterer und weniger bekömmlich, aber billiger Kaffee.

Wie dunkel die Bohnen geröstet werden, ist Geschmackssache, doch es gilt die Faustregel: Hell gerösteter Kaffee ist eher säuerlich, doch wenig bitter. Schwarz gerösteter Kaffee ist bitter, aber dafür süßlicher. Man unterscheidet viele verschiedene Röstgrade und auch die Benennung der jeweiligen Röstungen sind von Anbieter zu Anbieter verschieden – dennoch kann man folgende häufig anzutreffende Röstgrade unterscheiden:

Helle Röstung
- »Cinnamon« bzw. »Zimt-Röstung« (sehr blass, leichter Geschmack und kräftige Säure)
- »American light« (mittelbraun, leicht)
- »Frühstücksröstung«

Mittlere Röstung
- »City Medium« (kräftigeres Braun)
- »Full City« (dunkelbraun, sehr häufig gewählter Röstgrad)
- »Light French« oder auch »Wiener Röstung« (mittleres dunkelbraun, typisch für Wiener Kaffeeröstereien)
- »French« (komplett dunkelbraun, deutlich glänzende Oberfläche)

Starke Röstung
- »Dark French« (sehr stark glänzend, sehr dunkelbraun)
- »Spanish« (wirkt fast verbrannt, mehr matt als ölig)

torrefacto
- spanisch für »geröstet«, Röstung unter Zuckerbeigabe

KAFFEERÖSTEREIEN IN WIEN

Kaffee kommt nicht von irgendwo, sondern die grüne Bohne muss nach der Ernte zuerst zu dem Kaffee gemacht werden, wie wir ihn kennen. Herrlich dunkelbraun glänzend, mit einem Geruch von Himmel und einer Prise Glücksgefühl. Diese Verwandlung wird von den zahlreichen Röstereien beaufsichtigt, die für jede Sorte und jede Bohne den richtigen Röstgrad finden, auf dass wir den perfekten Kaffeegenuss erleben dürfen.

Julius Meinl

JULIUS MEINL
Graben 19
1010 Wien
www.meinl.at

Julius Meinl ist wohl jedem Wiener ein Begriff. Seit 1862 gibt es die Kaffeerösterei, die als Gewürzladen am Fleischmarkt eröffnet wurde. Mittlerweile exportiert das Unternehmen in 55 Länder und bringt die »Wiener Röstung« in alle Welt. Die Philosophie des Unternehmens stellt seit einiger Zeit Poesie und Literatur in den Mittelpunkt, was Sinn macht, schaut man sich die

Literatendichte in den Wiener Kaffeehäusern des 19. Jahrhunderts an. Im Meinl am Graben kann man den Kaffee auch selbst probieren.

Mocca Brasil

Mocca Brasil gibt es seit 1927. Der Kaffee wird ausschließlich aus verschiedenen Arabica Sorten gewonnen und entweder rein oder in Mischungen verkauft. Besonders ist auch, dass Mocca Brasil sogar die grünen Bohnen – den ungerösteten Kaffee also – anbietet. Dieser soll ja laut einer Studie beim Abnehmen helfen. Und wer keinen Kaffee mag, bekommt hier sogar Tee.

MOCCA BRASIL
Rennweg 75
1030 Wien
www.brasil.at

ALT WIEN Kaffeerösterei

Die Kaffeerösterei ALT WIEN produziert den ALT WIEN KAFFEE und wird von zwei jungen Kaffeeliebhabern geführt. Hier werden wohl

KAFFEERÖSTEREI
ALT WIEN
Schleifmühlgasse 23
1040 Wien
www.altwien.at

die meisten verschiedenen Sorten an Fair Trade Kaffees in ganz Österreich geröstet und angeboten. Die Rösterei produziert immer frisch und daher auch unregelmäßig. Zu intensiven Zeiten jedoch bis zu 25 Röstungen am Tag zu je 15 Kilogramm. Es werden Führungen durch die Rösterei angeboten und man kann bei manchen Röstungen zuschauen.

GEGENBAUER Kaffee

GEGENBAUER
Naschmarkt
Stand Nr. 110
1040 Wien
www.gegenbauer.at

Bei Gegenbauer findet man eigentlich ein Riesensortiment an hochwertigen Öl- und Essigprodukten und seit kurzem sogar Bier. Kaffee gibt es nur in drei verschiedenen Sorten und zwar eine leichte »Morning« Röstung, den vollen »Naschmarkt« und die starke »Evening« Espresso-Variante. Die Bohnen werden von einem Importeur aus Triest bezogen und die Blends für die drei verschiedenen Varianten werden jeweils unterschiedlich geröstet. Die Rösterei hat genug zu tun, denn auch Kakao-bohnen werden hier verarbeitet.

Kaffeefabrik

KAFFEEFABRIK
Favoritenstraße 4-6
1040 Wien
www.kaffeefabrik.at

Freitag ist Rösttag in der Kaffeefabrik. Hier wer-den die Blends selbst gemischt und die Bohnen mit Liebe zum Detail ausgewählt. Man kann sich online zu den Angeboten informieren und eine Bestellung mit gewünschter Sorte, Menge und auch Mahlgrad aufgeben. Oder man kommt in das kleine Lokal in der Favoritenstraße und lässt sich genauer beraten. Einen individuellen Kaffee par excellence gibt es hier und ein Besuch wird sich mit Sicherheit bezahlt machen.

Fürth Kaffee

Ein junger, hipper Co-Working Space wie in der Kirchengasse braucht Espresso – immer und jederzeit. Gerade deswegen bietet Charles Fürth dort seine Kaffees an, die er aus verschiedenen Ländern bezieht und selbst röstet. »Ansari Blend« ist sein Herzeige-Kaffee und wird laufend perfektioniert. Drei Bohnenarten, die perfekte Mischung und ein sorgfältiges Röstverfahren. Dem Kaffeegenuss beim Co-Working steht nichts mehr im Wege!

FÜRTH KAFFEE
im Co Space
Kirchengasse 44
1070 Wien
www.shop.fuerthkaffee.eu

El Café

Besonders spannend im El Café ist, dass man regelmäßig an einem Schaurösten teilhaben kann, bei dem vor eigenen Augen aus der frischen Bohne eine wohlriechende Kaffeewunderbohne wird. Gekauft und gehandelt wird Fair Trade oder Direct Trade und mit Bedacht auf die Kaffeebauern. Natürlich können die Arabica Genüsse auch im Café selbst genossen werden.

EL CAFÉ
Alserbachstraße 3
1090 Wien
www.elcafe.at

Naber Kaffee

Bei Naber gibt es nur Arabica-Hochlandbohnen. Da muss die Röstung perfekt passen – der Kaffee wird persönlich von den Chefs blind verkostet. 1908 wurde das erste Geschäft in der Laudongasse, und in den 50er Jahren gleich zwei weitere Filialen im 1. und 4. Bezirk, eröffnet.

NABER KAFFEE
Autokaderstraße 104
1210 Wien
www.naberkaffee.at

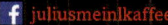

KAFFEEZUBEREITUNG

Welche Röstung passt zu welcher Bohne – das haben wir nun schon geklärt. Aber welche Zubereitungsart passt zu welcher Röstung? Und wie sucht man den perfekten Mahlgrad aus? Ob man den Kaffee mit oder ohne Milch trinkt und wer Kaffee generell ganz anders zubereitet als wir das gewohnt sind – über all diese Dinge informiert das nächste Kapitel.

KAFFEEMASCHINEN-DSCHUNGEL

Puh, da hat man mal gelernt, dass Kaffee, bevor er überhaupt gemahlen wird, einen wahnsinns-langen Weg hat und in diesem Kapitel kommt man drauf, dass neben dem Kaffeefilter und der Espressomaschine noch zig andere Varianten der Kaffeezubereitung existieren. Ein wahrer Barista muss eben auch was lernen, hat man sich gedacht, und FrenchPress, AeroPress und Cold Water Dripper erfunden. Wenn's jetzt zu steil wurde, dann weiterlesen – wir haben ein paar Hinweisschilder im Dschungel angebracht – damit sich auch die Kaffee-Newbies zurechtfinden.

French Press / Cafetière
Mit der French Press / Cafetière, kann man besonders viel Koffein aus dem gemahlenen Kaffee herauslösen, weil das Wasser viel länger mit dem Kaffee in Berührung ist. Der Mahlgrad sollte eher grob gehalten werden, weil so das Kaffeepulver gleichmäßiger die Aromen an das Wasser abgibt. Also: Kanne kurz mit heißem Wasser ausspülen, Kaffee rein, nicht mehr kochendes Wasser drauf, durchrühren, vier Minuten warten und dann das Sieb gleichmäßig runterdrücken – kräftiger Kaffeegenuss garantiert!

Aero Press
Diese Besonderheit wurde 2005 von einem Amerikaner erfunden und schafft es, nochmal ganz neue Seiten des Kaffees hervorzulocken. Im Prinzip wird hier der Kaffee (genauso wie bei der FrenchPress) aufgegossen und durchgemischt, jedoch dann durch einen Filter gepresst. Auf diese Weise bleiben gewisse Stoffe im Behälter zurück, andere werden durch den Druck noch einmal herausgelöst. Genial, oder? Für fruchtige Sorten und starke Kaffees ist diese Variante besonders empfehlenswert.

Kaffeefilter
Man könnte sagen Filterkaffee ist Filterkaffee, aber beim Kaffeebrühen geht es grundsätzlich um Nuancen die einen riesigen Unterschied machen.

Kleine Änderungen bei Wassertemperatur als auch beim Mahlgrad können sich enorm auf den Geschmack des Endproduktes auswirken. Auch das Kaffeeaufgießen möge geübt sein, denn das Kaffeemehl sollte nie am Rand des Filters kleben bleiben, sondern immer gleichmäßig von Wasser umgeben sein. Deswegen mit dem Wasserstrahl gleichmäßig in die Mitte zielen, damit das Kaffeepulver sich nicht vorne beim Filter sammelt, sondern durchwühlt wird. Eine Sonderform ist die Chemex Karaffe, die sehr feine Filter benutzt, um Öle und Sedimente noch besser herauszufiltern.

Siebträger

Nur mit dieser Maschine wird ein Espresso seiner wahren Bedeutung eigentlich wirklich gerecht. Schnell muss es gehen. Und zwar nicht beim Trinken, sondern bei der Zubereitung. Aufgrund der extra kurzen Kontaktzeit mit dem Wasser empfiehlt sich ein möglichst feiner Mahlgrad. Das Kaffeepulver wird dabei in den Siebträger gefüllt, danach beim »tampen« kurz zusammengedrückt und den Rest erledigt die Maschine.

Espressokocher

Die italienische Do-It-Yourself Espressovariante. Hier wird Wasser in die Kanne gefüllt und danach ein mit Kaffee gefülltes Sieb darauf gesetzt. Kanne schließen, auf den Herd stellen und abwarten. Das Wasser kommt durch das Sieb nach oben – Espresso fertig!

Cold Water Dripper

So, das ist mal ganz was anderes! Bei dem Cold Water Dripper werden die vorhin genannten Prinzipien auf den Kopf gestellt. Kaffee ist nicht heiß und die Zubereitung geht nicht schnell, sondern in diesem Falle ist er kalt und es dauert bis zu 8 Stunden bis er fertig ist! Beim Cold Water Dripper tröpfelt kaltes Wasser über Stunden auf den gemahlenen Kaffee und von dort weiter in den Kaffeebehälter. Durch die stundenlange Kontaktzeit ist das Endprodukt fast wie ein Kaffeekonzentrat, das beliebig zu verschiedensten Kaffeekreationen weiterverarbeitet werden kann.

WASSER ALS DIE WICHTIGSTE ZUTAT

Wasser wird nicht nur zum Kaffee serviert, sondern ist auch Hauptbe-
standteil des Kaffees selbst. Trotzdem wird mehr über die Herkunft und
Verarbeitung der Bohne gesprochen, als über die Qualität des Wassers.
Das sollte man ändern, denn sowohl Wasserhärte (also der Anteil an
Kalzium- und Magnesiumionen) als auch der pH-Wert (also ob sauer
oder basisch) sind ausschlaggebende Faktoren. Diese Dinge sind für
die Kaffeezubereitung einerseits wichtig, weil die Lebensdauer von
Kaffeemaschinen durch zu kalkhaltiges Wasser wesentlich verkürzt wird
und andererseits, weil durch pH-Wert und Wasserhärte die Intensität
von sauren oder basischen Attributen des Kaffees unterschiedlich
stark zur Geltung gebracht wird. Weiches Wasser führt dazu, dass die
Säurestoffe von Rohkaffees besonders hervorgehoben werden, denn
es ist laut pH-Wert-Skala selbst auch eher sauer und verstärkt deswegen die Säure. Umgekehrt wirkt hartes Wasser eher basisch und kann
daher die Fruchtsäuren neutralisieren, die besonders die Arabica Sorten
ausmachen.

Wie wir schon bei den Röstgraden gelernt haben, sind hell geröstete Sorten eher sauer, sollten also nicht mit zu weichem Wasser gemeinsam verarbeitet werden. Generell besteht jedoch eher das Problem, dass Leitungswasser eine zu hohe Wasserhärte hat. Für den optimalen Kaffeegenuss sollte man sich also eventuell einen Tischwasserfilter zulegen. Das klingt zwar alles, als wäre es viel zu viel Aufwand für den allmorgendlichen Frühstückskaffee, aber man sollte einen Versuch wagen – anderes Wasser führt möglicherweise zu einem vollkommen neuen Kaffeeerlebnis!

LATTE ART – EINE KUNST FÜR SICH

Das ist es doch, wofür wir die Baristi in Wirklichkeit lieben, oder? Das Herzchen am Kaffee. Aber Latte Art hat nicht nur Herzen und Rosetten auf Lager – alle möglichen Kreationen findet man vor. Kunst eben. Diese Kunst mag aber auch gelernt sein, denn es fängt schon beim richtigen Milchschaum an. Die Temperatur sollte so in etwa 60° bis 70° haben, die Bläschen sollten verschwinden und die weiße Flüssigkeit sollte lieblich glänzen. Um diese Eigenschaften zu erhalten, müssen sowohl Fettgehalt der Milch als auch Milchschäumer passen und dann muss man auch noch wissen, wie und wie lange der Schäumer, also das Dampfventil, im Milchbehälter bleiben muss. In der so genannten »Ziehphase« wird die Milch im oberen Bereich der Milchkanne geschäumt, um sie luftig leicht zu machen – aber nicht allzu lange, denn danach folgt die »Rollphase«, in der das Ventil weiter in die Kanne eingetaucht wird, um kleinere – eigentlich gar nicht mehr sichtbare – Bläschen zu erhalten.

Die Basis für Latte Art ist immer ein Espresso, der dann entweder mit Gieß- oder/und Maltechniken verschönert wird. Meist wird zuerst der Kaffee mit Milch aufgegossen, sodass eine homogene Basis entsteht. Danach werden durch Entfernen und Bewegen des Milchstrahls verschiedenste Kreationen erschaffen. Die Gießtechnik also. Bei der

Maltechnik entstehen mithilfe von Flüssigschokolade und verschiedenem Zubehör regelrechte Gemälde auf der Milchschaumoberfläche. Diese Kunst kann man definitiv perfektionieren – und wenn man in den Kaffeehäusern den Milchschaum viel zu oft leider mit einem Löffel in der Tasse bekommt (absolutes »No-Go« in Latte Art Kreisen), kann man doch einmal unseren lieben Freund Google zu »Latte Art« befragen und erhält wirklich wunderschöne (!) Bilder.

LEXIKON DER KAFFEESPEZIALITÄTEN

Die Wiener Kaffeelandschaft hat so einiges zu bieten. Es geht weit über die klassische Wiener Melange und den kleinen Schwarzen hinaus, und allerlei bunte Namen und Mischungen fliegen einem entgegen, wenn man in die Kaffeekarte der Wiener Cafés schaut. Dass man aber schon bei der Bestellung eines Cappuccinos Probleme haben kann, ist dabei keine Seltenheit, denn diese Bezeichnung ist im Wiener Kaffeewortschatz schlichtweg nicht enthalten. Richtig schwierig wird es dann aber erst, wenn man erraten soll, was es denn mit einem Pharisäer oder einem überstürzten Neumann auf sich hat und ob man nach dem Genuss dieser Kreationen überhaupt noch fahrtüchtig ist. Fakt ist nämlich, dass fast alle der Wiener Kaffee-Besonderheiten Alkohol enthalten. Rum und Liköre, Schlagobers, Eidotter und sonstige wilde Zubereitungsarten haben es in die Liste der wahren Wiener geschafft. Und damit das Bestellen in Zukunft einfacher wird, folgt hier nun ein kleiner Guide der Kaffeenamen, sodass auch Cappuccino-Trinker wieder zu ihrem Heißgetränk kommen.

Advokat

Wo nur die Namen immer herkommen. Diesmal nicht vom Rechtsanwalt, sondern von dem Wort »Abacate«, das eigentlich für ein Zucker-Rum-Avocado-Gemisch aus Brasilien steht, das über die Niederlande zum Eierlikör wurde, seinen Namen zu Advokat änderte und so auch nach Wien gelangte. Die Kaffeevariation enthält folglich Obers und Eierlikör.

Biedermeier
Ein großer oder kleiner Brauner mit Marillenlikör und Schlagobers.

Brauner, großer/kleiner
Nicht wegzudenken aus Wiens Kaffeehäusern. Der Braune - die Basis für noch viele andere Variationen des Kaffeegenusses. Das Rezept ist ganz einfach: Ein Schwarzer zu dem etwas Obers serviert wird. Somit kann man selbst bestimmen »wie braun« der eigene Braune werden soll. Eine spezielle Form des Braunen ist auch der Kapuziner.

Cappuccino
Den Namen hat er vom Kapuziner, bestellen muss man eine Wiener Melange, um sowas ähnliches zu kriegen. Das Wort »Cappuccino« ist ganz einfach nicht im Wiener Kaffeewortschatz enthalten.

Doppelmokka
Ein doppelter Mokka und extra stark. Manche sagen aber auch, der Doppelmokka beinhaltet Rum oder Weinbrand. Also aufgepasst!

Einspänner
Der Einspänner ist – wie wir alle wissen – eine Kutsche mit Pferd vorne dran. Genau. Und wie alle Wiener genossen auch die Fahrer dieser Kutschen gerne Kaffee. Und zwar war das meist ein Mokka mit dicker Schlagobershaube. Da blieb der Kaffee nämlich lang genug warm, um auf die Kundschaft zu warten – konnte aber durch Verrühren mit der Sahnehaube auch schnell auf Trinktemperatur gekühlt und somit in einem Zug ausgetrunken werden, um die Kundschaft entgegennehmen zu können. Siehe auch: *Fiaker*.

Espresso
Beim Espresso – ganz richtig – muss es schnell gehen. Jedoch nicht unbedingt das Trinken, weil's ja eh nur so wenig ist, sondern die Zuberei-

tung. So schaffte auch die Espressomaschine ihren Durchbruch. Anstatt eine große Menge Kaffee in viel Wasser lange ziehen zu lassen beträgt die Kontaktzeit der beiden Zutaten beim Espresso nur wenige Sekunden. In Wiener Cafés wird der Espresso aber fälschlicherweise oft als Mokka bezeichnet. Siehe auch kleiner Schwarzer und Mokka.

Fiaker

Der Fiaker ist im Gegensatz zum Einspänner eine zweispännige Kutsche. Dessen Fahrer trägt denselben Namen wie auch das Heißgetränk und das wird grundsätzlich wie der Einspänner zubereitet, hat aber einen Zusatzschuss – Mokka mit Schlagobers und Zwetschkenbrand oder Kirschwasser also. Wichtig sowohl beim Fiaker als auch beim Einspänner ist das Henkelglas, in dem der Kaffee serviert werden soll. Nur so kann nämlich der Fahrer die Zügel und den Kaffee gleichzeitig halten.

Franziskaner

Neben den Kapuzinern schon der Zweite Orden, der es in die Kaffeewelt geschafft hat. Ein Franziskaner ist der »Cappuccino mit Schlag« – eine Melange mit Schlagobers und Schokostreusel also.

Kaffee verkehrt

Ganz viel Milch und nicht ganz so viel Kaffee – das ist die Devise. Und wenn's ums Kaffeetrinken geht, wohl ganz verkehrt. Ähnlich wie beim Latte Macchiato wird der Kaffee verkehrt in einem hohen durchsichtigen Glas serviert, bei dem man die Milch- und die Kaffeeschicht streng voneinander getrennt erkennen können muss.

Katerkaffee

Wie der Name schon verrät, handelt es sich um einen Kaffee gegen den Kater. Ein starker Mokka, zwar süß aber mit säuerlichem Muntermach-Beigeschmack: Die Zuckerwürfel für den Kaffee werden vor Verwendung in Zitronenschale abgerieben.

Kaisermelange

Eidotter und Cognac sind die Zauberzutaten die eine Melange kaiserlich machen. Lecker schmeckt diese Variante auch mit etwas Honig. Jedoch leider eher zum Selbermachen, da aufgrund von Lebensmittelverordnungen rohes Eigelb in Kaffeehäusern nicht mehr serviert werden darf.

Kapuziner

Der Kapuziner, Namensgeber des allseits bekannten Cappuccino, ist eine Sonderform des Braunen – wird also mit Obers serviert. Jedoch nur mit einem kleinen Tröpfchen, sodass die Farbe in etwa die der Kapuzinerkutte annimmt. Die Ordensbrüder der Kapuziner waren nämlich sehr sparsame Gesellen und konnten sich nicht viel Obers erlauben.

Kosakenkaffee

Kosakenkaffee kann man als Likör in einer Flasche kaufen. Man kann ihn aber auch im Kaffeehaus bestellen. Dann bekommt man einen kleinen Mokka mit Rotwein, Vodka und Zucker vermischt und im Einspännerglas – also mit Henkel – serviert.

Latte Macchiato

siehe *Kaffee verkehrt*.

Maria Theresia

Französischer Orangenlikör verfeinert dieses Kaffeerezept. Ein doppelter Mokka mit dem alkoholischen Pepp, Schlagsahne oben drauf und eventuell sogar mit Organgenschalenstückchen dekoriert. Fast schon kitschig.

Mazzagran

Mazzagran ist der Iced Coffee unter den Wienern. Je nachdem wird er mit einem kalten doppelten Mokka und Eiswürfeln zubereitet. Man liest und hört aber auch Variationen, die sich noch wienerischer anhören und die auch Maraschino Likör, diverse Gewürze und Cognac enthalten.

Melange

Die Melange erinnert noch am ehesten an den allseits bekannten Cappuccino. Hier wird ein Verlängerter (oder im Fall des Cappuccinos ein Espresso) mit Milchschaum »mélangiert«.

Mokka

Das ist so eine Geschichte mit dem Mokka. Eigentlich ist es ein kleiner Schwarzer, also ein starker Kaffee ohne Milch und Zucker. Serviert bekommt man aber meistens einen Espresso, was ja auch der Beschreibung entspricht. Der Mokka sollte ursprünglich jedoch nicht aus der Espressomaschine kommen, sondern länger ziehen – eher eine Art Filterkaffee sein. In Wien kann man den Mokka aber sehr wohl als kleinen Schwarzen oder Espresso bestellen, denn in den Kaffeehäusern wird (auch aus Zeitgründen) sowieso nur noch mit Espressomaschinen gearbeitet.

Mozartkaffee

Ach, so vieles hat seinen Namen. Pralinen, Torten, Schuhcreme – wie könnte nur die Kaffeewelt ausgelassen werden? Der Mozartkaffee ist ein großer Mokka mit Cherry Brandy und Schlagobers oben drauf.

Obermayer

Vielleicht sollte man es probieren. Die eigenen Sonderwünsche in jedem Kaffeehaus der Stadt anbringen und darauf hoffen, dass sie zum allgemeinen Trend und somit Standard im Kaffeesortiment werden. Das hat jedenfalls Herr Obermayer, ein ehemaliger Wiener Philharmoniker, so gemacht. Er wollte extra kaltes Obers in seinen Mokka. Und zwar über einen umgedrehten Löffel gegossen, damit sich das Obers gleichmäßig verteilt.

Pharisäer

Zu vergleichen mit einem Irish Coffee. Nur eben nicht Kaffee mit Whisky, wie bei den Iren, sondern mit Rum und Obers. 4cl müssen es sein, denn laut einer Verordnung aus dem Jahr 1981, sind 2cl zu wenig, um als Pharisäer durchzugehen. Der Name leitet sich von den heuchlerischen Pharisäern ab. Ein asketischer Pfarrer des 19. Jahrhunderts bemerkte, dass die Feiergesellschaft bei einer Taufe Rum in den Kaffee gemischt und Schlagobers als Geruchsabdecker oben drauf platziert hatte. »Ihr Pharisäer«, rief er aus und der Name war geboren. Damit der Rum seinen Geruch nicht verbreitet, muss man den Pharisäer unbedingt durch das Obers hindurch trinken und darf es auf keinen Fall mit dem Kaffee vermischen.

Ristretto
Der Ristretto ist die extra starke und extra kleine Variante unter den Espresso. Viel Koffein und wenig Wasser.

Schale Braun/Gold
Wer eine Schale bestellt, der weiß schon genau, wie der Braune gemischt sein soll. Die Schale Braun sollte Kaffee und Milch in einem Mischverhältnis von 1:1 beinhalten. Gold wird es dann, wenn sogar noch mehr Milch dazukommt.

Schwarzer, großer/kleiner
Sowohl der Espresso als auch der Mokka können mit »Einen kleinen Schwarzen bitte« bestellt werden. Ohne Milch, versteht sich.

Türkischer
Wie schon weiter vorne in diesem Büchlein beschrieben, wird der türkische Kaffee traditionellerweise in einem so genannten Ibrik zubereitet. Zucker wird mit besonders fein gemahlenem Kaffee aufgekocht und dann inklusive Kaffeesatz in der Tasse verteilt. Nachdem die Wiener Geschichte von Türkenbelagerungen geprägt ist, ist der »Türkische« auch in der Wiener Kaffeehauskultur ein fixer Bestandteil. Stark, süß und mit Kaffeesatz.

Türkischer passiert
Obwohl der Kaffeesatz traditionellerweise beim türkischen Kaffee einfach dazu gehört, gibt es doch einige heimische Geschmacksexperten, die kein Fan des »Kaffeemehls« sind. Aus diesem Grund wurde der »passierte Türkische« erfunden, bei dem der Kaffeesatz mit einem Sieb entfernt wird.

Sperbertürke

Meistens, wenn seltsame Namen auftauchen, dann steckt eine Person dahinter – so auch in diesem Fall. Rechtsanwalt Hugo Sperber ist verantwortlich dafür, dass ein doppelt starker Türkischer, der mit Würfelzucker aufgekocht wird, nun »Sperbertürke« heißt.

Überstürzter Neumann

Zuerst der Schlag, dann der Kaffee. Die Zubereitung eines »Überstürzen Neumanns« ist kein Geheimnis – bis heute bleibt jedoch ein Geheimnis, wer der Namensgeber dieser besonderen Kaffeezubereitung war. Vielleicht hat Herr Neumann selbst überstürzt das Kaffeehaus verlassen, sein Name jedoch bleibt für immer erhalten.

Verlängerter

Beim Verlängerten wird ganz einfach der Schwarze mit einer doppelten Menge Wasser verlängert – ist also so ein bisschen wie ein Americano, wenn man denn schon einen Vergleich braucht. Serviert kann der Verlängerte aber wie ein Brauner werden – mit Milch oder Obers an der Seite.

Wiener Eiskaffee

Warum der Wiener Eiskaffee so explizit gelistet wird, hat den Grund, dass man beim Wiener, anders als beim Schweizer Eiskaffee, immer – und zwar nur – Vanilleeis verwendet, wobei beim Schweizer Eiskaffee Kaffeeeis gewählt wird. Fast wie ein Shake wird das Ganze, wenn man einen gerührten Eiskaffee bestellt. Die Iced Coffee Varianten findet man entweder bei Starbucks oder in Form eines Mazzagrans.

Zarenkaffee

Ähnlich wie der Advocat. Nur, dass man hier zuerst Zucker mit Eidotter kräftig schaumig schlägt und das ganze auf den Mokka draufsetzt. Jedoch, genau wie die Kaisermelange, eher nicht Kaffeehaustauglich wegen Lebensmittelverordnungen.

BARISTA KURSE UND KAFFEE-WORKSHOPS

Von der grünen Bohne bis zum herrlich duftenden braunen Gold ist es ein lange Weg. Aber besonders von der Bohne bis in die Tasse muss der Kaffee eine we tere Verwandlung durchleben und diese beherrschen zum Glück die Baristi. W man wissen, wo man auch selbst diese Zauberkunst erlernen kann, so schlag man dieses magische Kapitel auf!

Beans

Das Beans bietet eine unglaubliche Auswahl an Kaffees und Kaffeezubehör, aber vor allem bietet es auch Barista Kurse mit Franz Grün- wald, dem SCAE (Specialty Coffee Association of Europe) Master Barista, an. Die »Home Ba- rista« Kurse dauern in etwa vier Stunden und werden regelmäßig für Gruppen von sechs bis acht Personen angeboten. Dort lernt man von der Bedienung einer Espressomaschine über die richtige Auswahl von Bohnen und Mahlgra- den bis zur Zubereitung von Cappuccinos alle Basics, die man als Barista braucht.

BEANS
Landstraßer Hauptstraße 81
1030 Wien
www.beans.at

Kaffee Kompetenz Zentrum & Kaffeemuseum

Das Kaffee Kompetenz Zentrum beschäftigt sich intensiv mit allen Angelegenheiten rund um Kaffee. Es beheimatet auch das Kaffee- museum, das von Kurator Edmund Mayr 2003 initiiert wurde. Neben Veranstaltungen und Vorträgen werden auch regelmäßig Barista Workshops angeboten. Diese können von zwei Stunden bis zu zweieinhalb Tagen

KAFFEE KOMPETENZ
ZENTRUM
im Österreichischen
Gesellschafts- und
Wirtschaftsmuseum
Vogelsanggasse 36
1050 Wien
www.kaffeekompetenz
zentrum.at

dauern und haben je nachdem einen mehr oder weniger intensiven Umfang.

Wiener Rösthaus

WIENER RÖSTHAUS
Tigergasse 33
1080 Wien

Eine Rösterei mitten im Achten. Hier werden nur 100-prozentige Arabica Bohnen bezogen – aus verschiedenen Ländern, aber mit den gleich hohen Standards. Die Besitzer des Wiener Rösthauses wollen die Kaffeebauern durch ihren Einkauf fördern und somit auch Projekte in den Bezugsländern unterstützen.

Vienna School of Coffee

VIENNA SCHOOL OF
COFFEE
Hahngasse 22
1090 Wien
www.viennaschool
ofcoffee.at

In der Vienna School of Coffee werden nicht nur einzelne Tagesworkshops mit verschiedenen Schwerpunkten wie »Milchschaum« oder »Espressomaschine« angeboten, sondern man kann auch den Fünf-Tages-Kurs belegen, bei dem man sich bis zu den fortgeschrittenen Techniken vorarbeitet. Johanna Wechselberger, die mehrfach ausgezeichnete Barista und mit dem SCAE Master Barista Zertifikat prämierte Leiterin der Vienna School of Coffee, besitzt auch ihre eigene Rösterei und hat schon einige Bücher zum Thema Kaffee veröffentlicht.

WÄHRINGERSTRASSE 9, 1090 WIEN
WWW.ESPRESSOHOBBY.AT
OFFICE@ESPRESSOHOBBY.AT
MONTAG: 8:00 BIS 18:00 UHR
DIENSTAG BIS FREITAG: 8:00 BIS 22:00 UHR

DAS WIENER KAFFEEHAUS

Wien und der Kaffee: eine ganz besondere Beziehung. Und obwohl der Wiener grundsätzlich nicht gerne neue Freunde macht, war es bei diesen beiden wohl Liebe auf den ersten Blick. Das anregende Koffeinmittel verhalf Künstlern, Literaten und Philosophen zu kreativen Ideen, hirnrissigen Plänen und hitzigen Diskussionen und machte die Kaffeehäuser zu genau den verrauchten Lokalitäten, wie wir sie eben kennen. Ein Einblick in die geschichtsträchtige Liebesgeschichte von Wien und dem Kaffee.

DAS WIENER KAFFEEHAUS – WAS IST DAS EIGENTLICH?

Kaffee trinkt man quasi überall – weder in Rom, noch in Berlin oder Paris verschmäht man das edle Getränk. Doch so verschieden Länder und ihre Esskulturen sind, so verschieden ist auch die Kaffeekultur. Und Wien ist sowieso anders. Woran erkennt man aber nun ein typisches Wiener Kaffeehaus?

Das erste Merkmal …
Es befindet sich in Wien. Natürlich gibt es auch anderenorts passable Wiener Kaffeehäuser, aber Originale sind eben Originale.

Das zweite Merkmal …
… sticht ins Auge: die Einrichtung. Wer genau hinsieht, erkennt am Interieur, dass es sich um ein Wiener Kaffeehaus handelt. Zur traditionellen Ausstattung eines solchen zählen etwa elegante Holzvertäfelungen, dunkelhölzerne Thonet-Stühle, gemütliche Polstersitzecken, Tische mit Marmorplatten, Zeitungshalter für Großformatiges und Jugendstil-Luster. Weil im Kaffeehaus eben kein Stress herrscht, geht man hier auf gemütliche Zeitreise und landet mitten im goldenen Zeitalter der Kaffeekultur. Natürlich gibt es auch innovativ und modern eingerichtete Kaffeehäuser, doch eines steht fest – Stil wird in Wien groß geschrieben.

Das dritte Merkmal …
… das Angebot. Abgesehen von begrifflichen Unterschieden und Besonderheiten der Zubereitung (siehe: Kapitel Zubereitungsarten) fällt auf, dass das Wiener Kaffeehaus mehr bietet als nur Kaffee. So lässt sich etwa ein ganzer Tag im Kaffeehaus verbringen: Vom Wiener Frühstück über Mittagsmenü und Nachmittagskaffee mit Kuchen bis zum spätabendlichen Würstel mit Kren fehlt hier nichts. Viele Wiener Kaffeehäuser haben bis 22:00 Uhr oder länger geöffnet, serviert werden vollwertige warme und kalte Gerichte sowie Mehlspeisen.

Das vierte Merkmal …

… vornehmes, gut gekleidetes Personal, dessen Verhalten von äußerst zuvorkommend und süffisant bis hin zu wienerisch-zynisch-grantig reichen kann. Der Gast sei außerdem gewarnt, das Personal einfach unhöflich »Kellner«, »Bedienung« oder ähnliches zu rufen. Üblich ist »Herr/Frau Ober«. Im Gegenzug kann es dafür sein, dass man sich bald als »gnädige/r Herr/Dame« angesprochen findet …

WIEN UND DIE KAFFEEHAUS-KULTUR

Wie wichtig Kaffeehäuser für Wien sind, erkennt man an den zahlreichen Legenden, die sich um den Ursprung der Wiener Institution ranken.

Eine davon berichtet von einem Mann namens Georg Franz Kolschitzky, der für seine gewagten Kurierdienste während der zweiten Türkenbelagerung (1683) von den Stadtobersten reich beschenkt wurde – mit 500 Sack Kaffee. Der Mär zufolge soll aus dieser Kriegsbeute das erste Kaffeehaus Wiens erwachsen sein.

Tatsächlich war es allerdings der Armenier Johannes Theodat, der 1685 das erste Wiener Kaffeehaus in seinem Wohnhaus in der Rotenturmstraße 14 eröffnete. Rasch erfolgreich, folgten dem ersten Pionier bald andere nach. Auch in der Bevölkerung erfreuten sich die Kaffeehäuser wachsender Beliebtheit.

Ab Mitte des 18. Jahrhunderts waren die Wiener Kaffeehäuser in etwa das, wofür sie heute bekannt sind: Gesellige Treffpunkte für Politik, Intellekt und Kultur, stilvoll-elegant und gemütlich, durchzogen vom Duft der gemahlenen Bohne, der Speisen und der Zigaretten, bestückt mit flatterndem Zeitungswerk in diversen Größen und Farben und besucht von Gästen, die gerade tun, was sie am liebsten tun – genießen.

KÜNSTLER, LITERATEN UND SONSTIGE GÄSTE

»Das Wiener Kaffeehaus stellt eine Institution besonderer Art dar, die mit keiner ähnlichen der Welt zu vergleichen ist. Es ist eigentlich eine Art demokratischer, jedem für eine billige Schale Kaffee zugänglicher Klub, wo jeder Gast für diesen kleinen Obolus stundenlang sitzen, diskutieren, schreiben, Karten spielen, seine Post empfangen und vor allem eine unbegrenzte Zahl von Zeitungen und Zeitschriften konsumieren kann«.
Stefan Zweig (1881–1942), Wiener Schriftsteller

In Wien ist das Kaffeehaus bekanntermaßen mehr als nur ein Ort, an dem man gemütlich seine Tasse flüssiges Glück genießt. Es ist eine Institution – und zwar nicht bloß eine kulinarische, sondern auch eine kulturelle. Schon vor über hundert Jahren wussten Künstler, Literaten und Intellektuelle aller Interessensgebiete das Kaffeehaus als Wohnzimmererweiterung zu schätzen: Hier ließ es sich ungestört schreiben, lesen, Karten spielen, rauchen, debattieren und Erfahrungen austauschen.

Zu den Stammgästen der Wiener Kaffeehäuser um die Jahrhundertwende zählten Größen wie Arthur Schnitzler, Stefan Zweig, Friedrich Torberg, Karl Kraus, Otto Wagner, Adolf Loos, Gustav Klimt, Oskar Kokoschka und Egon Schiele. Beliebte Treffpunkte der Kaffeehausliteraten waren etwa das Café Griensteidl, das Café Central und das Café Herrenhof.

Für Frauen war der Kaffeehausbesuch anfangs noch verpönt, aber sie eroberten den kreativen Genussraum bald für sich. So nahmen etwa die Literatinnen Milena Jesenská, Lina Loos und Berta Zuckerkandl am regen kulturellen Austausch im Café teil.

In den 1960er und 70er Jahren war das Café Hawelka unter Künstlern sehr populär. Hier trafen sich H.C. Artmann, Hilde Spiel, Friedensreich Hundertwasser, Helmut Qualtinger und viele mehr. Auch Adabeis und Möchtegerns fühlten sich von dem Nimbus des Künstlercafés angezogen – eine Tatsache, die Georg Danzer 1976 in seinem Lied »Jö schau« satirisch verewigte.

Heute verstreut sich die Haute-Volée des Kulturbetriebes auf verschiedenste Kaffeehäuser. Wer jedoch (etwa vor dem Besuch des Kabarett Simpl) Lust hat, Kabarettisten wie Viktor Gernot und Michael Niavarani zu treffen, kann sich ins Café Engländer setzen.

KAFFEEHAUS-KÜCHE

Wo einem edlen Getränk gefrönt wird, kann auch die Speise nicht weit sein. Nicht zumindest in einem Wiener Kaffeehaus. Hier hat sich über Jahrhunderte eine ganz spezielle, traditionelle Esskultur etabliert, die sowohl süße als auch deftig-schmackhafte Schmankerl zu bieten hat.

Ein großes Kapitel der Kaffeehaus-Küche nehmen die Süß- und Mehlspeisen ein. Die meisten davon sind herrlich ungesund und werden gerade dafür geliebt. Denn was passt besser zu einer Tasse gutem Kaffee als ein hausgemachter, warmer Apfelstrudel mit Schlag oder ein Stückerl Sachertorte? Auch mit Marillenmarmelade oder Eis gefüllte Palatschinken, Milchrahmstrudel in Vanillesauce und süße Schnittenkreationen werden gerne angeboten. Glückspilze kommen im Kaffeehaus mitunter in den Genuss eines flaumig-saftigen Kaiserschmarrns mit Zwetschkenröster.

Auch Freunde der salzigen Küche müssen nicht verhungern. Klassiker wie Sacherwürstel (gibt es mit Kren, Senf und Gebäck oder im Gulaschsaft), Gulaschsuppe oder Alt-Wiener Suppentopf stehen auf fast jeder Karte. Auch das Wiener Schnitzel fehlt fast nie.

Zu den Kaffeehaus-Raritäten gehören inzwischen einstige Publikumslieblinge wie das Mayonnaiseei oder die garnierte und gefüllte Wiener Schinkenrolle. Hier heißt es suchen!

Feinster Wiener Apfelstrudel

ORIGINAL WIENER
Apfelstrudel

Willkommen in unseren Wiener Traditions-Kaffeehäusern

TUCHLAUBEN 16, 1010 WIEN

WWW.MARKUSPLATZ.AT

CAFE@MARKUSPLATZ.AT

MONTAG BIS SAMSTAG: 7:30 BIS 24 UHR

SONNTAG: 9:00 BIS 19 UHR

DIENSTAGS BIS SAMSTAGS: AB 18:00 UHR „À LA CARTE"

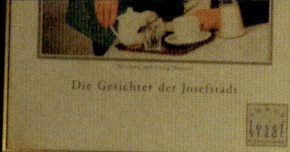
Die Gesichter der Josefstadt

die **Kraft**
der
STEINE

URKUNDE

sprechen wir hiermit für den über

5

JAHRE

Gösser

SKURRILES RUND UM DEN KAFFEE

Manche Dinge müssen einfach in einem
Kaffee-Buch stehen. Denn wer nicht weiß,
woher der »Obermayer« seinen Namen hat,
oder wann der Tag des Kaffees überhaupt ist,
der hat wohl sowieso noch viel zu lernen. Damit
ja niemand in die Verlegenheit gerät, jemandem
diese Dinge nicht erklären zu können, haben
wir alle besonders wichtigen Informationen in
dem folgenden Kapitel zusammengefasst.

KARL HUMMEL

UNNÜTZES KAFFEEWISSEN

Musikalische Kaffee-Story

Der Komponist Johann Sebastian Bach (1685-1750) setzte mit seiner »Kaffeekantate« dem Kaffee ein humorvolles Denkmal. In dem Sing-stück geht es um Lieschen, deren Vater ihr das Kaffeetrinken verbieten will und sie erpresst, indem er ihr nur erlaubt zu heiraten, wenn sie ihre Leidenschaft aufgibt. Lieschen aber bleibt stur. Sie umgeht die Auflage des Vaters, indem sie verbreitet, nur ein Kaffeeliebhaber komme ihr als Ehemann in Frage.

So singt Lieschen über ihr Lieblingsgetränk:

»Ei, wie schmeckt der Kaffee süße; Lieblicher als tausend Küsse,
Milder als Muskatenwein. Kaffee; Kaffee muß ich haben,
Und wenn jemand mich will laben; Ach, so schenkt mir Kaffee ein!«

Beethovens 60 Bohnen

Ludwig van Beethoven (1770-1827) pflegte seinen morgendlichen Kaffee aus exakt 60 abgezählten Kaffeebohnen zuzubereiten.

Kreativer Kaffee-Junkie

Der französische Schriftsteller Honoré de Balzac (1799-1850) war mehr als nur ein gewöhnlicher Kaffeegenießer. Statt 60 Bohnen brauchte er täglich rund 60 Tassen Espresso. Er schlief kaum, arbeitete exzessiv bis zu 16 Stunden am Stück und starb schließlich an Überanstrengung.

Aus Dreck mach Kaffee

Die weltweit teuerste Kaffeesorte heißt »Kopi Luwak« und kommt aus Indonesien. Dort lebt der Fleckenmusang, der gerne Kaffeebohnen verzehrt. Im Verdauungstrakt der Schleichkatze fermentieren die Bohnen und erhalten zusätzliche muffige, dunkle Aromen, ehe sie wieder ausgeschieden werden. Die Exkremente werden eingesammelt, gewaschen, geröstet und zubereitet. Ein Kilogramm kostet etwa EUR 200,-.

Carpuccinos Reise

Einer der lustigsten Weltrekorde gelang einem Team von BBC-Journalisten, die im März 2010 mit einem kaffeebetriebenen Auto 337 Kilometer zurücklegten. Der umgebaute VW Scirocco mit dem Spitznamen »Carpuccino« verbrauchte 11.760 Espressi für die einmalige Fahrt.

Tödliche Dosis

Wer mit Kaffee Suizid begehen möchte, braucht zunächst einmal einen geduldigen Magen: Erst ab 100 Tassen in weniger als einem halben Tag wird es lebensgefährlich. Nah an dieser Dosis dran war ein verrückter Weltrekordler: Er trank 82 Tassen in nur 7 Stunden und überlebte.

Kaffeebestellkultur

Zu Beginn der Kaffeehauskultur bestellte man nicht wie heute Milchkaffee oder Espresso, sondern man wählte nach Farbe. Der Kellner reichte einem die Farbpalette, auf welcher von schwarz bis milchig-weiß die verschiedensten Farbschattierungen des Kaffees angebracht waren. Je schwärzer desto stärker, je heller desto milder.

Tag des Kaffees

Etwa 162 Liter duftenden Kaffee trinkt der Durchschnittsösterreicher im Jahr – mehr als Bier (»nur« 108 Liter). Jährlich am 1. Oktober zelebriert Österreich mit dem »Tag des Kaffees« Kaffeehauskultur und Genuss. Veranstaltungen begleiten den von Handel und Gastronomie initiierten Festtag. An das beliebteste Kaffeehaus mit dem besten Kaffee wird zudem die »Goldene Kaffeebohne« verliehen.

Blümchenkaffee

Der besonders leichte Kaffee wird auch »Blümchenkaffee« genannt. Das kommt daher, dass man durch die wässrige Brühe die Blümchen am inneren der Kaffeetasse erkennen kann.

Pharisäer

Der Pharisäer hat seinen Namen von einem nordfriesischen Pfarrer, der den Ausruf ›Ihr Pharisäer!« tätigte und damit eine heuchlerische Feiergesellschaft ansprach, die Rum in ihren Kaffee mischte und den Geruch durch eine dicke Schlagobershaube abzudecken versuchte.

Zu leichte Mischung

Im Jahr 1981 kam es zu einem Rechtsstreit, bei dem es um die zu leichte Zubereitung eines Pharisäers ging. Das Urteil lautete, dass ein Pharisäer von nun an nur als solcher gelten darf, wenn 4cl Rum beigefügt werden.

Igitt, das Wasser!

Warum es zum Wiener Kaffee traditionellerweise auch ein kleines Glas Wasser dazu gibt? Es schickt sich nicht nach dem Umrühren den Löffel abzuschlecken – dazu ist das Wasser da!

Namensgebung

Der Wiener Philharmoniker Hermann Obermayer (1896 – 1960) hat es geschafft durch seine Kaffeesonderwünsche eine eigene Kaffeevariation im Kaffeelexikon durchzusetzen. Ein Mokka mit eiskaltem Obers, das über einen verkehrten Löffel gegossen wird, heißt seit jeher »Obermayer«.

KOFFEIN UND SONSTIGE GLÜCKSGEFÜHLE

Koffein wirkt im Körper auf mehrere Arten anregend: Es erweitert die Gefäße, fördert die Durchblutung und erwirkt die Ausschüttung des Stresshormons Adrenalin. Die Folgen: höhere physische und mentale Leistungsfähigkeit.

Das häufig vorgebrachte Argument, schon moderater Kaffeegenuss begünstige Herz-Kreislauf-Erkrankungen oder gar Herzinfarkte, kann von der Forschung nicht belegt werden. Lediglich Schwangere, an Bluthochdruck Leidende oder sehr nervöse Personen sollten weniger Kaffee trinken.

In richtigen Maßen genossen, zeigt Kaffee durchaus gesundheitsförderliche Wirkungen: So senkt das begehrte Genussmittel etwa das Diabetesrisiko. Es gibt sogar Hinweise, dass Kaffee gegen Demenz vorbeugend wirkt. Im Kaffee enthaltene Antioxidantien fangen freie Radikale im Körper ab und unterstützen das Abwehrsystem.

Da sich der Körper bei regelmäßigem Genuss an Koffein gewöhnt, ist von einer Kaffeedosis von mehr als etwa vier Tassen (entspricht 300 Milligramm Koffein) täglich abzuraten. Es drohen Nebenwirkungen wie Schlaflosigkeit, Zittrigkeit oder Verlust der Feinmotorik. Hinzu kommen »Entzugserscheinungen« in Form von Kopfschmerzen und Erschöpfung, wenn der Kaffee einmal ausbleibt.

Wie viel Koffein eine Tasse Kaffee enthält, ist schwierig festzulegen, zumal es stark auf Bohnensorte, Menge und Zubereitungsart ankommt. Im Durchschnitt hat ein Espresso 40-50 Milligramm Koffein und eine Tasse Filterkaffee 80 Milligramm. Zum Vergleich: Eine Tasse Schwarztee enthält 20 bis 40 Milligramm Koffein.

WETTBEWERBE UND VERANSTALTUNGEN RUND UM DEN KAFFEE

Auf jedem Gebiet gibt es Profis. Und die Kaffee-Profis lassen sich gar nicht mehr so einfach zusammenfassen, denn selbst innerhalb des Kaffee-Genres gibt es die verschiedensten Spezialisten. Von Latte Art über Coffee-Roaster über Cup-Tasting, Kaffee-Messen und Ibrik-Championships findet man so allerlei, das man rund um den Kaffee erleben kann. Hier eine kleine Liste der wichtigsten Kaffee-Events, die regelmäßig stattfinden.

World Coffee Events

World Coffee Events ist eigentlich eine Eventagentur aus Irland, die es sich zur Aufgabe gemacht hat, jegliche Kaffee-Wettbewerbe, die man sich so vorstellen kann, zu organisieren – und das jedes Jahr. Die Lokalität für die einzelnen Wettbewerbe variiert jährlich und die Teilnehmer kommen aus der ganzen Welt. 2012 fanden die World Barista Championships sogar in Wien statt! Gemeinsam mit der Specialty Coffee Association of America (SCAA) und der Speciality Coffee Association of Europe (SCAE) wird eine Fachjury auf die Beine gestellt, die die besten Baristi, Kaffee-Röster und Kaffee-Verkoster kürt. Die Kategorien sind so vielfältig wie der Kaffee selbst:

- Cezve/Ibrik Championships, www.ibrikchampionship.org
- World Aero Press Championships,
  www.worldaeropresschampionship.com
- World Barista Championships, www.worldbaristachampionship.org
- World Brewers Cup, www.worldbrewerscup.org
- World Cup Tasters Championships, www.worldcuptasters.org
- World Coffee in Good Spirits Championships,
  www.worldcoffeeingoodspirits.org
- World Coffee Roasting Championships,
  www.worldcoffeeroasting.org
- World Latte Art Championship, www.worldlatteart.org

Apfelstrudelshow

Hotel & Gast

Wer sich in Wien über Kaffee, Baristi und die neuesten Trends informieren will, der sollte sich einen Platz bei der Hotel & Gast sichern. Diese Messe findet immer im Frühjahr statt und bietet vor allem für Hoteliers Wissens- und Sehenswertes im Bereich der Gastronomie, hat aber auch rund um Kaffee vieles zu bieten!

Original Wiener Apfelstrudelshow

Im Café Residenz kann man nicht nur Kaffee trinken sondern auch besonders gut Apfelstrudel essen. Wem dann das Essen alleine nicht genug wird, der kann zu jeder vollen Stunde bei einem Spektakel dabei sein, das sich da »Original Wiener Apfelstrudelshow« nennt. Da kann man zuschauen, wie es richtig gemacht wird. Und um die Geheimrezeptur selber auszuprobieren, muss man nur an dem Apfelstrudelseminar teilnehmen und lernt aus erster Hand, wie Wiener Apfelstrudel wirklich zubereitet wird.

Kaffeehausflohmarkt

Einige Jahre gibt es ihn nun schon, den Kaffeehausflohmarkt. Dabei versammeln sich jeden Herbst Kaffeesieder, Gäste und Kaffeeliebhaber in der Ottakringer Brauerei um alte Kaffeemaschinen, Geschirr oder sonstiges Zubehör anzubieten und günstig an Kollegen weiterzugeben. Ein super Treffpunkt zum Stöbern, aber auch zum Tratschen und zum Leute kennenlernen!

KAFFEEHAUSFLOHMARKT
www.kaffeehaus
flohmarkt.at

Wiener Kaffeesiederball

Was wäre die Wiener Ballsaison, wenn nicht jeder Verein einen eignen Ball auf die Beine stellt? So gibt es natürlich auch den Kaffeesiederball jedes Jahr. Der Klub der Kaffeehausbesitzer organisiert natürlich nicht nur den Ball, sondern vertritt die Wiener Kaffeehäuser auch sonst noch in vielen Angelegenheiten.

WIENER
KAFFEESIEDERBALL
www.kaffeesieder.at

Räumlichkeiten mieten

Wer das Ambiente der Wiener Kaffeehäuser unwiderstehlich findet und gerne einmal in herrlich prunkvoller Atmosphäre eine private Gesellschaft zum Kaffeekränzchen oder auch zu einem anderen Anlass einladen möchte, der hat die Möglichkeit die Bel-Etage des Café Landtmann zu mieten. Ringstraßen-Flair ganz für euch alleine.

LANDTMANN'S
BEL-ETAGE
Oppolzergasse 6
1010 Wien
www.landtmannbeletage.at

Hochzeitsfeier

CAFÉ LANDTMANN
Wien 1873

Akademische Feier

Was geht über das Landtmann?
Die Bel-Etage!

Geburtstagsfeier

Kaffeejause

Cocktailempfang

Seminar

Elegant · Exklusiv · Privat
Willkommen im Salon über dem Café Landtmann!

LANDTMANN'S
BEL-ETAGE
der Salon

Landtmann's Bel-Etage · Oppolzergasse 6 | Mezzanin · 1010 Wien
T +43 1 24 100-116 · reservierung@landtmann.at · www.landtmann-beletage.at

KAFFEE TRINKEN IN WIEN

Wenn man so durch Wien spaziert, dann findet man ein Kaffeehaus nach dem anderen. Schick und prunkvoll die Wiener, modern und innovativ die Neuen. Pop-Up Café, Café mit besonderem Etwas, Café mit netten Kellnern, Café mit gemütlichen Sitzbänken, Café mit horrenden Preisen, Studentencafé, Fair-Trade-Café, Freiluftcafé, alles gibt es. Damit man für jeden Anlass das richtige Café findet, haben wir diesen kleinen Kaffeehaus-Führer für euch gebastelt, in dem ihr in jedem Bezirk und für jeden Anlass das richtige Café findet.

DIE KLASSISCHEN WIENER

Die »Wiener Kaffeehauskultur« – mittlerweile aufgenommen in die Liste des UNESCO Weltkulturerbes – verkörpert das Wien, das einerseits immer noch in uns Wienern lebt, andererseits aber auch sorgfältig für den Rest der Welt konserviert wurde, um es nun in Form von Wiener Melange und besonderen Tortenkreationen auf die Teller zahlender Touristen zu legen. Manche schwören auf die Qualität des Kaffees, auf die Besonderheit des Ambientes und auf die Eigenheiten der »Ober-Kultur«, als wäre nur dies das einzig Wahre. Möglicherweise war es das auch einmal, möglicherweise muss man aber, um hochqualitativen Kaffee zu trinken heutzutage schon an anderen Quellen suchen. Trotzdem, wir lieben unsere Wiener Prunkstätten und die Melange und haben alle wichtigen Adressen für euch gesammelt.

Café Bräunerhof

Im Thomas Bernhards Stammlokal lässt es sich die Zeit vergessen, denn die dortige Zeitungsauswahl ist überaus vielversprechend und kann stundenlang für Beschäftigung sorgen. Das Café Bräunerhof entführt seine Gäste raus aus dem Trubel des ersten Bezirks direkt rein in die Wiener Kaffeehaus-Atmosphäre. Das eine oder andere Mal sorgen auch Live-Klänge für angenehme Stimmung. Hat man einen Tag lang Zeit, kann man im Café Bräunerhof vom Frühstück bis zum Abendessen bleiben, denn die Speisekarte bietet zum Frühstücks-, Mittags-, Abend- und Nachtmahl sehr feine Wiener Küche.

CAFÉ BRÄUNERHOF
Stallburggasse 2
1010 Wien
www.braeunerhof.at

Café Central

Obwohl eigentlich nicht mehr viel über das Café Central zu sagen sein sollte, kann man einen

CAFÉ CENTRAL
Ecke Herrengasse /
Strauchgasse
1010 Wien
www.palaisevents.at/
cafecentral

Besuch gar nicht oft genug empfehlen. Nicht ohne Grund haben sich große Persönlichkeiten wie Peter Altenberg oder Sigmund Freud in diese Instanz der Wiener Kaffeehaustradition verliebt. Vom noblen Frühstück bis zum eleganten Abend bietet das Café alles, was das Herz begehrt. Die gehobene Küche und Patisserie besticht durch ihre ausgezeichnete Qualität und ist dementsprechend preislich einzuordnen. Ein weiteres Plus: gratis WLAN im gesamten Café.

Café Frauenhuber

CAFÉ FRAUENHUBER
Himmelpfortgasse 6
1010 Wien
www.cafefrauenhuber.at

Wer sich nicht vor deutschen Touristen fürchtet und Wiener Kaffeehauskultur schätzt, sollte dem Café Frauenhuber einmal einen Besuch abstatten. Das Kaffeehaus zieht einen mit seinem Alt-Wiener Charme in seinen Bann. Hier kann man stundenlang Zeitung lesen, während man dem Geräusch des Milchschäumers lauscht, ohne vom Kellner gefragt zu werden, ob man noch etwas trinken möchte.
Die Atmosphäre des Frauenhubers ist weder hipp, noch jung oder alternativ, sondern so, wie man es im Wiener Kaffeehaus erwartet, erinnert sie an eine längst vergangene Ära. Spätestens beim Blick in die Vitrine mit der Taschenuhrensammlung sieht man, dass hier ein Stück Stadtgeschichte weiterlebt.

Café Griensteidl

Ein Frühstück, Mittagessen oder eine Kaffee-Jause machen in einem Alt-Wiener Kaffeehaus

mit traditionellem Charme um einiges mehr
Spaß. Vor allem, wenn man offensichtlich ein
gern gesehener Gast ist und ein enormes Angebot an Lesematerial zum Bleiben animiert.
Das Griensteidl wahrt die Ehre der authen-
tischen Wiener Kaffeehäuser und erhält die
Griensteidl-Legende von 1847 aufrecht, wo
sich Literaten und Philosophen trafen, um Großes zu besprechen. Vielleicht kommt man ja
nach einem Besuch im Griensteidl zumindest
ein bisschen klüger und bewanderter heraus,
als man hineingegangen ist.

CAFÉ GRIENSTEIDL
Michaelerplatz 2
1010 Wien
www.cafegriensteidl.at

Café Hawelka

Ein Wiener Kaffeehaus, das nicht legendärer
sein könnte – das Hawelka. Hier haben so
einige Wiener Kaffeehaus-Standards ihren
Ursprung gefunden. Freundlichkeit und Herz-
lichkeit (natürlich verbunden mit einem herrlichen
Wiener Schmäh) werden hier so groß geschrieben, man möchte nie wieder gehen. Da kommt
dann auch mal der Chef des Hauses an den
Tisch und verabschiedet sich mit einem Hände-
druck. Im Hawelka gelten eigene Hawelka-Re-
geln – und die sind für Stammgäste, Celebrities,
Touristen, wahre Wiener und Gelegenheitsbe-
sucher alle gleich. Noch ein Grund mehr, um
das Hawelka einfach zu lieben.

CAFÉ HAWELKA
Dorotheergasse 6
1010 Wien
www.hawelka.at

Café Hofburg

Geschichtsträchtig ist in Wien ja vieles, aber
so wie die Hofburg es geschafft hat über die

Café Hofburg

CAFÉ HOFBURG
Hofburg
1010 Wien
www.cafe-hofburg.at

Jahre Geschichten, Intrigen, Liebesgelüste und politische Machtspiele zu beheimaten, so ist es wohl noch keinem anderen Gebäude Wiens gelungen. Das Café Hofburg war und ist Bestandteil dieser Historie und wenn man drin sitzt, darf man sich das gerne bewusst machen. Die freundlichen wienerischen Kellner und das prunkvolle Ambiente machen einem das aber auch leicht und so schmeckt der Biedermeier oder der überstürzte Neumann gleich doppelt so wienerisch.

CAFÉ IMPERIAL
Kärntner Ring 16
1010 Wien
www.cafe-imperial.at

Café Imperial

Schick und fein lässt es sich sein im Café Imperial – das Örtchen im Hotel Imperial, wo man auch als Normalsterblicher ein Stückchen Prunk und Nobel einfangen kann. Gold und glitzernde Luster, Kaffee, wie ihn nur die Wiener servieren dürfen und natürlich auch Preise, als ob man sich's leisten könnte. Aber das muss auch einmal sein und das darf man sich auch einfach mal leisten, wenn man schon in Wien ist. Imperial ist hier nämlich alles – von der Speisekarte bis zum Sitzpolster. Schön anziehen, hingehen und eine Melange lang kaiserlich fühlen!

Café Korb

Ein Besuch im Café Korb ist immer wieder ein Erlebnis. Neben dem klassischen Wiener Frühstück und den besonderen Kaffee-Variationen mit ihren herrlich habsburgerischen Namen werden auch andere Wiener Eigenheiten, wie zum Beispiel ein Mayonnaiseei, angeboten. Die paar Euro extra zahlt man für eine besondere Atmosphäre, die von den Kellnern definitiv abgerundet wird. Wer also in Wien zu Hause ist, der muss zumindest einmal hier gewesen sein: Das Café Korb ist ein Eckpfeiler der Wiener Kaffeehauskultur, auf den man nicht verzichten sollte.

CAFÉ KORB
Brandstätte 9
1010 Wien
www.cafekorb.at

Café Landtmann

Das Café Landtmann wurde, wie selten ein anderes Kaffeehaus, seit jeher gepflegt und ist (fast) so erhalten geblieben, wie es anno Dazumal aussah. Das besondere Ambiente wird nicht nur durch die Einrichtung, sondern auch durch das Personal und die Umgangsformen vermittelt und wer sich im Landtmann eine

CAFÉ LANDTMANN
Universitätsring 4
1010 Wien
www.landtmann.at

Café Landtmann

Wiener Melange bestellt, der fühlt sich wie ein echter Wiener. Hingehen lohnt sich sowohl für Touristen als auch für Unterstützer der originalen Wiener Kaffeehauskultur durch und durch.

Café Mozart

CAFÉ MOZART
Albertinaplatz 2
1010 Wien
www.cafe-mozart.at

Wer ein wirklich klassisches Wiener Kaffeehaus besuchen möchte, ist hier richtig aufgehoben. Und das haben auch die Touristen bemerkt, denn aufgrund der exzellenten Lage inmitten von Staatsoper, Albertina und Co ist das Café Mozart leicht zu entdecken. Die Preise sind zwar gehoben, aber dafür bekommt man auch höchste Qualität. Die erwähnten Touristenmassen sind zwar nichts für jeden, aber das Ambiente entschädigt dafür großzügig und bei sommerlichen Temperaturen ist vor allem der Gastgarten zu empfehlen.

Café Museum

Café Museum

Bei einem Besuch im Café Museum fühlt man sich als würde man 100 Jahre Kaffeehaushistorie durchleben. Gerade noch hat man Klimt von seinem nächsten Frauenportrait sinnieren sehen, platziert sich schon eine Gruppe japanischer Touristen an einer Sitzloge. Die stilistische Einfachheit des loos'schen Designs aus dem Jahr 1899 und die prunkvolle Gemütlichkeit, die durch die Umgestaltung durch den Architekten Josef Zotti in den 1930er Jahren Einzug fand, hat das Café Museum zu dem gemacht, was es heute ist. Ein Museum für sich.

Café Prückel

Das Café Prückel ist allseits bekannt. Direkt gegenüber dem Museum für Angewandte Kunst/ Gegenwartskunst, ist es das perfekte Lokal für

CAFÉ MUSEUM
Operngasse 7
1010 Wien
www.cafemuseum.at

CAFÉ PRÜCKEL
Stubenring 24
1010 Wien
www.prueckel.at

einen Zwischenstopp wenn man am Ring oder eben im Museum unterwegs war. Deshalb ist das Prückel auch bei Touristen durchaus beliebt – heißt aber nicht, dass die Wiener Gesichter fehlen. Speisen und Getränke im Prückel sind ausgesprochen gut und verglichen mit anderen Lokalitäten dieser Art auf jeden Fall leistbar. Die Inneneinrichtung ist so, wie sie sein soll und die Kellner-Mannschaft auch. Wir mögen das Prückel und kommen gerne immer wieder!

Café Schwarzenberg

CAFÉ
SCHWARZENBERG
Kärntner Ring 17
1010 Wien
www.cafe-
schwarzenberg.at

Obwohl die innere Stadt fast übervoll mit Kaffeehäusern der oberen Liga ist, schaffte es das Café Schwarzenberg schon immer eine Besonderheit zu sein. Als erstes Ringstraßen-café überhaupt, war es auch das erste Café mit Nichtraucherbereich und wurde außerdem lange Zeit als »größte Badewanne Wiens« be-zeichnet, weil es vollkommen mit türkis-blauen Fliesen ausgestattet war. Die Fliesen gibt es zwar heute nur mehr stückchenweise, aber die ereignisreiche Geschichte dieses wunderschö-nen Kaffeehauses ist noch immer spürbar. Viel-leicht werden wir ja auch Stammgast, so wie der ZIB2 Moderator Robert Hochner es war!

Café Tirolerhof

CAFÉ TIROLERHOF
Führichgasse 8
1010 Wien

Sehr gut gelegen und trotzdem ein kleiner Geheimtipp – das Cafe Tirolerhof ist zwar immer gut besucht, man fühlt sich hier aber nicht ganz so sehr in einer Touristenfalle wie das sonst in der Gegend oft der Fall ist. Was früher eine Milchtrinkhalle war, ist jetzt ein Klassiker der Kaffeehauskultur mit hohen Wänden, Lustern an der Decke und reichlich Mehlspeise in der Glasvitrine. Außerdem gibt es genug an Lesematerial aus dem In- und Ausland. Die Ober sind, wie es sich gehört, im Smoking unterwegs und die Preise erinnern einen doch wieder daran, dass man sich im ersten Wiener Bezirk aufhält.

Café Ritter

Das Café Ritter gibt es seit 1867 und auch schon fast genauso lange an diesem Standort in der Mariahilfer Straße. Sucht man also an einem langen Shopping-Samstag nach etwas Ruhe zwischen dem »Coffee2Go« und Fashion Overload, kann man im Café Ritter wunderbar die Wiener Kaffeehauskultur einatmen. Hier gibt es Kellner im Anzug, Kuchen in der Vitrine und Kaffeevariationen die man ohne Beschreibung zum Namen nicht als solche identifizieren würde. Morgens, mittags und abends stehen traditionelle Gerichte auf der Speisekarte und das Ambiente ist wahrlich wienerisch.

CAFÉ RITTER
Mariahilfer Straße 73
1060 Wien
www.caferitter.at

Café Sperl

Seit 1880 ist das Café Sperl schon ein fixer Bestandteil der Wiener Kaffeehaus-Szene. Direkt in der Umgebung vom Theater an der Wien, dem Raimund Theater und dem Semper Depot war es immer ein gern genutzter Treffpunkt für Künstler und Literaten – und ist

CAFÉ SPERL
Gumpendorfer Straße 11
1060 Wien
www.cafesperl.at

es immer noch. Außerdem ist es nicht ganz so überladen mit Touristen, wie so manche andere Kaffeehäuser, obwohl sein Bekanntheitsgrad danach rufen würde. Im Sperl ist man gern, isst man gern, trinkt man gern und schaut man gern anderen Leuten zu. Im Sommer gibt es übrigens einen sehr netten Schanigarten.

Café Westend

CAFÉ WESTEND
Mariahilfer Straße 128
1070 Wien

Das Café Westend hat es durch seine Lage schon in die internationalen Reiseführer geschafft und wird regelmäßig von Reisenden, die gerade von oder zum Westbahnhof unterwegs sind, besucht. Wer ohne großen Hunger oder Durst kommt, gepaart mit ein wenig Schaulust oder dem Wunsch danach, abseits von Starbucks und Co klassischen Wiener Kaffeehaus-Charme auf sich wirken zu lassen, der wird das Westend lächelnd wieder verlassen. Wer etwas essen möchte, der muss dafür ein bisschen mehr als nur Kleingeld zurücklassen, darf aber dafür die wirklich vorzügliche Küche genießen.

Café Maximilian

CAFÉ MAXIMILIAN
Universitätsstraße 2
1090 Wien

Auf der einen Seite die Touristenfallen, auf der anderen Seite die Hauptuni – Das Café Maximilian versucht diesen Spagat zu meistern und macht das gar nicht so schlecht! Es gibt ein ausgedehntes Frühstücksangebot und man kann hervorragend und gemütlich auf der Terrasse sitzen. Die Inneneinrichtung ist charmant, die Kellner freundlich und das Kuchenangebot

zu gut, um darauf zu verzichten. Ein Besuch
im Café Maximilian ist einer dieser Zwischen-
stopps, der zum Tagesausflug wird!

Café Weimar

Frei nach Karl Farkas können wir nur sagen:
»Schau'n Sie sich das an!«, denn das Weimar
ist ein lebendiges Beispiel Wiener Kaffeehauskultur. Seit November 2011 ist die »Wiener
Kaffeehauskultur« als UNESCO Kulturerbe
anerkannt. Dass das Café Weimar als Inbegriff
dieser Wiener Kaffeehauskultur gilt, wurde
dadurch verdeutlicht, dass die Verleihung dieser
Auszeichnung ausgerechnet hier stattfand.

CAFÉ WEIMAR
Währingerstraße 68
1090 Wien
www.cafeweimar.at

Café Dommayer

Hier handelt es sich um eines dieser Alt-Wiener
Konzertcafés, die immer noch diesen Alt-Wiener
Charme versprühen. Und obwohl es von der
Konditor-Kette Oberlaa übernommen wurde,
blieb das Wiener Kaffeehausfeeling erhalten.
Besonders im Gastgarten des Dommayer
kann man wirklich schön sitzen und genießen.
Natürlich hat Oberlaa auch auf das Angebot
abgefärbt und in Sachen Kuchen und Konfekt
bleibt kein Wunsch offen. Auch das Frühstück
überzeugt und für Langschläfer gibt es bis zum
späten Nachmittag Feines zum Aufwachen.

CAFÉ DOMMAYER
Dommayergasse 1
1130 Wien
www.oberlaa-wien.at

Café Gloriette

Wer imperiale Freuden genießt, für einen schönen Ausblick einiges auf sich nimmt und schon

Café Residenz

CAFÉ GLORIETTE
Hietzing
1130 Wien
www.gloriette-cafe.at

CAFÉ RESIDENZ
Schloss Schönbrunn
Kavalierstrakt 52
1130 Wien
www.cafe-residenz.at

den Weg zum Ziel genießen kann, der soll den Hügel zur Gloriette erklimmen. Dort ist das Café Gloriette beheimatet und da wird man für seine Mühen definitiv belohnt! Besonders das Sisi-Frühstück bietet alles, was das Herz begehrt. Also, hungrig kommen und vor allem: früh genug reservieren, denn ohne Voranmeldung wird man kaum noch ein freies Plätzchen finden, für eine Audienz mit Blick auf Schönbrunn.

Café Residenz

Im kaiserlich-königlichen Café Residenz kann man residieren, wie zu Kaisers Zeiten. Nur, dass es das Café zu Kaisers Zeiten natürlich noch nicht gab – damals war es nämlich noch das »Esszimmer« für die Polizei-Wachleute. Heute isst man hier hauptsächlich Apfelstrudel, der bei der Original Wiener Apfelstrudelshow stündlich und live zubereitet wird und einfach nur köstlich schmeckt. Die Zutaten? Hauchdünner Strudelteig, zimtige Äpfel, beträufelt mit einem Hauch von Wiener Flair – voilá, fertig ist der beste Wiener Apfelstrudel, den man je geschmeckt hat.

Café Ritter

Es gibt ja bekanntlich das Ritter im 6. Bezirk – gleich bei der U-Bahn Station Neubaugasse. Nicht so bekannt ist das Ritter im 16. – und das steht dem Ritter im 6. um rein gar nichts nach. Ganz im Gegenteil. Manche würden sogar sagen, das Café im 16. ist fast die schönere Variante unter den Rittern. Ausgezeichnetes Frühstück, freundliche Bedienung und ein atemberaubendes Interieur! Gemälde und prunkvolle Accessoires, Stuck, Gold und Lampenschirme, die auch nur hier rein passen würden. Lasst euch also nicht von der Fassade täuschen und tretet ein in das kaiserliche Rittergemach.

CAFÉ RITTER
Ottakringer Straße 117
1160 Wien
www.cafe-ritter.at

Café Schopenhauer

Nach dem Philosophen benannt, bietet das Café Schopenhauer das richtige Ambiente, um philosophisch zu werden. Alt-Wiener Kaffeehauskultur at its finest. Vor allem Kartenspiel-Liebhaber kommen zum Zug, denn Tarock und Bridge sind genauso fix im Tagesprogramm des Schopenhauer, wie Melange und Zeitunglesen. Die neuen Besitzer, die seit 2012 das Kaffeehaus führen, legen sichtlich Wert auf die klassischen Wiener Attribute dieser Institution.

CAFÉ
SCHOPENHAUER
Staudgasse 1
1180 Wien
www.cafeschopenhauer.at

DIE WAHREN WIENER

Wo soll man sie hintun, die Lokalitäten, die doch eigentlich Cafés sind, aber mehr alkoholische als Heißgetränke servieren? Diese wahren Wiener, die vielleicht mehr Beisl als Kaffeelokal sind und doch trotzdem diesen Charme versprühen, den die Wiener Cafés aus früheren Zeiten eben so versprühen. In diesen Lokalen kann man sich einfach aussuchen, ob Café oder Beisl und ohne schlechtes Gewissen auch am Nachmittag ein (paar) Gläschen Wein trinken.

KAFFEE ALT WIEN
Bäckerstraße 9
1010 Wien

Kaffee Alt Wien

Das Kaffee Alt Wien trifft alle Kriterien, um als wahrer Wiener Kaffeehausklassiker zu gelten: Es blickt auf eine geschichtsträchtige Vergangenheit zurück, denn es wurde im Jahr 1936 vom Ehepaar Hawelka eröffnet. Es herrscht eine herrlich verrauchte Atmosphäre – zumindest im Eingangsbereich. Das wienerisch eigenwillige

Personal und die, vor allem zu späterer Stunde, sehr interessanten Gäste sorgen für eine originelle Stimmung. Alle Bedürfnisse, die zwischen Kaffee und Knoblauchschnaps liegen, können hier gestillt werden – und das auch noch bis in die frühen Morgenstunden, denn die Pforten des Kaffee Alt Wien sind bis 2:00 Uhr geöffnet. Ob man also lieber ins Café oder ins Beisl geht, muss man hier nicht entscheiden – im Kaffee Alt Wien sitzt man eh schon in beidem.

Café Bendl

Wir lieben das Café Bendl. Es gibt kein besseres verrauchtes Kellerlokal in Wien, in dem man die Nächte durchdiskutieren und trinken kann. Auch die Kellner im Bendl mitsamt ihrem Wiener Charme können einem schnell ans Herz wachsen. Wenn man an kalten Wintertagen die Tür zum Lokal öffnet, wird man schon vom wohligen Geruch des Holzofens begrüßt. Die Speisekarte gibt bis in die frühen Morgenstunden etwas her und der CD-Wurlitzer spielt für ein bisschen Kleingeld was das Herz begehrt. Nur aufpassen muss man, wenn die Bierdeckel fliegen – das ist eine Tradition, die wohl in Ehren gehalten wird.

CAFÉ BENDL
Landesgerichtsstraße 6
1010 Wien
www.bendl.wordpress.com

Café Engländer

Fast ein bisschen zu schick für ein wahres Wiener Kaffeehaus, punktet das Engländer vor allem mit der Speisekarte. Für die guten Gerichte und die ausgewählten Weine zahlt man zwar seinen Preis, wer aber ausgesessenen Sitz-

CAFÉ ENGLÄNDER
Postgasse 2
1010 Wien
www.cafe-englaender.com

Café Hegelhof

möbeln nicht besonders zugetan ist und gutes Essen schätzt, wird sich hier wohlfühlen. Und obwohl die Wiener Kaffeehäuser oft das ranzige Interieur brauchen, um wirklich in die Elite der »wahren« Wiener Kaffeehäuser aufgenommen zu werden, kommt im hier auch Wohnzimmer-Stimmung auf. Durch die Nähe zum Kabarett Simpl gilt es als Künstler- und Kreativtreff. Da kann es schon mal sein, dass Michael Niavarani vor oder nach einer Vorstellung vorbeischaut.

Café Hegelhof

CAFÉ HEGELHOF
Johannesgasse 16
1010 Wien
www.cafehegelhof.at

Die Johannesgasse runter und dann ganz unscheinbar auf der rechten Seite: das Café Hegelhof. Ein Wiener Kaffeehaus, das zur Abwechslung einmal nicht von Touristenmassen überströmt wird, sondern genau richtig den Alt-Wiener Prunk und den niemals alt werdenden

Wiener Charme verbindet. Regelmäßig finden im Hegelhof Lesungen und Vernissagen statt. Die Kunstwerke werden über einen gewissen Zeitraum an den Wänden angebracht und können teilweise sogar käuflich erworben werden.

Kleines Café

Der Name ist Programm, viel Platz gibt's nicht. Während sich tagsüber immer ein Tisch findet, um bei einer Melange die Zeitung zu lesen, wird's abends voll. Sich an einen Tisch dazu zu setzen, ist hier aber völlig legitim. Die Kellner pflegen einen lockeren Umgang mit den Gästen und das Kleine kommt auch ohne Anzug oder gar Smoking aus. Im Sommer verdoppelt sich die Kapazität des kleinen Lokals auf den Schanigarten am Franziskanerplatz. Wenn zusätzlich die Sonne scheint, ist es wirklich einer der schönsten Orte der Stadt für Kaffee oder Wein.

KLEINES CAFÉ
Franziskanerplatz 3
1010 Wien

Café Markusplatz

Einmal zurück in die 50er Jahre. Altbewährtes Ambiente, nette Kellner und herrlich wienerische Küche. Ja, das hat das Café Markusplatz zu bieten. Aber nicht, dass einer jetzt denkt Altbewährtes kann nicht neu interpretiert werden. Lavendel-Eis, Maulbeermarmelade, prämierte Weine regionaler Winzer, bio und saisonal. Das hat sich das Café Markusplatz mindestens so sehr zu eigen gemacht, wie die Wiener Manier. Eine Zeitreise in die 50er, aufgepäppelt mit allen Vorzügen, die es heutzutage schon so gibt.

CAFÉ MARKUSPLATZ
Tuchlauben 16
1010 Wien
www.markusplatz.at

Café Markusplatz

Café Votiv

CAFÉ VOTIV
Reichsratsstraße 17
1010 Wien
www.cafe-votiv.at

Das Votiv ist nicht nur gut gelegen, es lädt an warmen Tagen in seinen großartigen Arkaden gehörig zum Sitzenbleiben ein. Nicht unbeliebt bei Studenten kann man hier täglich ein neues Mittagsmenü konsumieren und dank WLAN auch gleichzeitig noch etwas für die Uni erledigen. Frühstücken lässt es sich hier auch nicht schlecht und abends gibt es die Happy Hour. Dazwischen noch einen Kaffee und somit ist jeglicher Gast den ganzen Tag über versorgt und kann es sich im Votiv gut gehen lassen.

Café Dogenhof

CAFÉ DOGENHOF
Praterstraße 70
1020 Wien

Also, ein klassisches »Wiener Kaffeehaus« ist das Dogenhof nicht – dort gibt es nämlich zur Melange einen griechischen Vorspeisenteller oder gleich Ouzo als Nachtisch. Das kann man wohl auf die Herkunft der Besitzerin zurückführen. Die Herkunft des Dogenhof allerdings führt uns nach Italien, denn die Gegend um den Praterstern sollte einst ein ganzes »Venedig in Wien« werden. Vielleicht also doch ein »Wiener Kaffeehaus«, denn irgendwo zwischen Griechenland, Italien und dem Nirgendwo schimmert auch das Wienerische durch.

Café Sperlhof

So etwas wie das Café Sperlhof gibt es leider nur viel zu selten in Wien. Wenn man die Stimmung darin in kurzen Worten zu beschreiben hätte, dann klänge das wohl so: Charmante Kantinen-Atmosphäre trifft auf Jugendzentrum! Man fühlt sich wohl im Sperlhof und kann seinen spielenden Gelüsten so lange man will freien Lauf lassen. Getränke- und Snackpreise sind moderat und das Service ist wirklich nett. Wissenswert ist auch, dass hier täglich ein gratis (!) Bücherflohmarkt stattfindet. Hoch lebe unser Wohnzimmer in der Leopoldstadt.

CAFÉ SPERLHOF
Große Sperlgasse 41
1020 Wien

Café am Heumarkt

Was das Café am Heumarkt zu einem Wiener Kaffeehaus macht, sind nicht die prunkvollen Luster und die fein angezogene Kellner-Belegschaft. Ganz im Gegenteil. Hier gibt es kein Türschild und keine touristischen Extras. Man muss es also erst einmal finden, dieses Kaffeehaus. Dafür gibt es eine Kuchenvitrine, Musik und Billardtische, die, wenn gewünscht,

CAFÉ AM HEUMARKT
Am Heumarkt 15
1030 Wien

auch bespielt werden können. Wienerischer Schlendrian und absolutes »laissez-faire«, das sind die Attribute, die das Café am Heumarkt zu einem wahren Wien-Klassiker machen.

Café Zartl

CAFÉ ZARTL
Rasumofskygasse 7
1030 Wien

Im Café Zartl kann man sich wohlfühlen. Vor allem auch darum, weil es schön ruhig zugeht in diesem Geheimtipp der Wiener Kaffeekultur und nur eher selten auch Touristen vorbeikommen. Wenn sie gerade das Hundertwasserhaus besucht haben zum Beispiel. Die Zeit scheint stehen geblieben zu sein an diesem Ort. Eine Besonderheit stellt der »Kalanagsalon« dar, in dem sich die »International Brotherhood of Magicians« regelmäßig trifft. Das ist wohl eine Hommage an den bedeutenden Illusionisten Helmut Schreiber, der sich »Kalanag« nannte.

Café Amacord

CAFÉ AMACORD
Rechte Wienzeile 15
1040 Wien
www.amacord-cafe.at

Das Amacord ist sowohl Feinschmeckern zu empfehlen, die sich gerne Mal eine ausgedehntere Mittagspause gönnen, als auch leidenschaftlichen Frühstückern. Am Abend ist das Amacord besonders gemütlich – da kann man schon auch mal etwas schrägere Gestalten kennenlernen. Wer im Amacord etwas essen will, der sollte auf jeden Fall Vor-, Haupt- und Nachspeise probieren, denn die Gerichte auf der abwechslungsreichen Speisekarte lassen einem das Wasser im Mund zusammenlaufen. Aber auch für eine etwas längere

Kaffeepause ist das Amacord der richtige Ort – mit Zeitungen und gemütlichen Sitzbänken lässt sich ein kleiner Brauner einfach besser genießen als sonst wo.

Café Anzengruber

Beim Café Anzengruber muss man eigentlich »Café« zwischen Hasenfüßchen setzen, denn die Öffnungszeiten und die Atmosphäre und überhaupt so einiges lassen mehr auf ein Beisl schließen, als auf ein Café. Trotzdem war es das einmal und trotzdem gehört es zu diesen Wiener Lokalen, wo auch wahre Wiener zu finden sind. Man kommt hierher wegen der Einzigartigkeit und wegen dem Budweiser Bier. Dieses Lokal ist und bleibt ein Wiener Unikat zwischen all den wie Schwammerl aus dem Boden sprießenden hippen Läden im Freihausviertel.

CAFÉ ANZENGRUBER
Schleifmühlgasse 19
1040 Wien

Café Goldegg

Das Café Goldegg ist eine Wucht, soviel ist klar. An dem schmalen Tischchen am Fenster kann man durchaus ein paar Stunden verweilen. Nicht nur ob der doch eher extravaganten Kleidung der Kellner beziehungsweise der extravaganten Kellnerinnen im Allgemeinen, sondern auch wegen der wunderschönen Jugendstil-Einrichtung sollte man dem Café am Besten noch heute einen Besuch abstatten. Sicher auch nicht schlecht: Service, Portionen und Preisleistungsverhältnis sind tadellos. Da kommt man gerne immer wieder!

CAFÉ GOLDEGG
Argentinierstraße 49
1040 Wien
www.cafegoldegg.at

Café Rüdigerhof

CAFÉ RÜDIGERHOF
Hamburgerstraße 20
1050 Wien

Wer sucht, der findet das Café Rüdigerhof in einem zweifellos wunderschön renovierten Jugendstil Gebäude, das sich für die Wiener geradezu herausgeputzt hat. Drinnen im Café scheiden sich jedoch die Geister. Für die einen ist es eine versiffte Hütte, für die anderen Wiens vielleicht charmantestes Gasthaus mit dem möglicherweise schönsten Gastgarten der Stadt. Vor allem im Frühling und Sommer ist der Rüdigerhof definitiv zu empfehlen, weil auch die Öffnungszeiten ein längeres Sitzenbleiben erlauben. Sowohl Kaffee trinken als auch traditionelle Wiener Kaffeehausküche genießen kann man hier und somit das Café am Abend zum Beisl werden lassen.

Café Drechsler

CAFÉ DRECHSLER
Linke Wienzeile 22
1060 Wien
www.cafedrechsler.at

Dieses Café gibt es schon seit 1919 – jetzt erstrahlt es in der Neuauflage als modernes Wiener Kaffeehaus des 21. Jahrhunderts. Das Interieur ist eine elegante Mischung aus fancy und traditionell in klarem Design. So manche Elemente erinnern aber dann doch noch an verschnörkeltere Zeiten, so wie zum Beispiel die Schriftzüge aka die Speisekarte an den Wänden. Das Theater an der Wien lockt den einen oder anderen Künstler ins Lokal und die Stimmung ist entspannt. Im Café Drechsler befindet sich ein Stückchen Wien, das hoffentlich noch lange in Ehren gehalten wird.

Café Jelinek

Nicht umsonst ist es das Lieblingskaffeehaus vieler Wiener: charmant, versteckt, ruhig und gemütlich, ist es einfach der perfekte Ort um einen ganzen Tag unterzutauchen. Denn nicht cool-stylish und steril oder museal-touristisch geht es hier zu, sondern charmant und gemütlich. Die vom jahrelangen Zigarettenrauch vergilbten Wände, der alte schmiedeeiserne Holzofen neben der Bar und die dekorative und passende Inneneinrichtung bilden ein einzigartiges Gesamtensemble und machen die Atmosphäre perfekt – das Jelinek ist eines der wenigen Wiener Kaffeehäuser, die nicht zu Tode renoviert wurden. Alles, wie es immer war, denn Veränderung liebt der Wiener nicht.

CAFÉ JELINEK
Otto-Bauer-Gasse 8
1060 Wien
www.cafejelinek.
steman.at

Café Kafka

Das von außen unscheinbare Lokal erinnert angenehm an einen heruntergekommenen Künstlertreff. Stilvolle wie schlichte Einrichtung, gepaart mit dem dunkel-verrauchten Flair eines Kaffeehauses für Dichter und Denker, geben dem Kaffeehaus eine spezielle Atmosphäre. Ganz im Gegensatz zum traditionellen Raumambiente steht die moderne vegetarische/vegane Küche des Hauses, was viele junge Gäste anlockt. Ein Widerspruch, der sich bestens verträgt. Denn das Kafka hat sich inzwischen zu einem wahren Geheimtipp für jene gemausert, die sowohl leckere vegetarische/vegane Küche als auch gepflegte Kaffeekultur genießen wollen!

CAFÉ KAFKA
Capistrangasse 8
1060 Wien

Café Savoy

CAFÉ SAVOY
Linke Wienzeile 36
1060 Wien
www.savoy.at

Hauptsächlich zum Kaffeetrinken und zum Leute Beobachten kommt man hierher. Vor allem letzteres funktioniert dank der alles dominierenden Spiegel sehr gut unauffällig. Essen kann man hier auch: Die klassische Kaffeehausküche, Kleinigkeiten und verschiedene Kuchenvarianten werden zu moderaten Preisen angeboten. Das schönste am Savoy ist aber die Atmosphäre. Eine Mischung von Palast aus 1001 Nacht, Edel-Etablissement und Alt-Wiener Kaffeehaus, mit einer guten Portion Patina ausgestattet – einzigartig und einmalig in Wien.

Café Tobman

CAFÉ TOBMAN
Zieglergasse 13
1070 Wien

Das Café Tobman ist ein wahrhaftiger Geheimtipp, der sowohl mit günstigen Speisen und gutem Kaffee, als auch mit einem überraschend charmanten Ambiente überzeugt. Und das vor allem im Sommer wenn der Schanigarten geöffnet ist. Der ist eine richtige Ruheoase inmitten des sonst so stressigen 7. Bezirks. Brunnengeplätscher, Pflanzen ringsum und preiswerte Angebote – hier kann man schon mal sitzen bleiben. Wer weiß – vielleicht ist dieser Geheimtipp bald nicht mehr so geheim!?

Café Florianihof

CAFÉ FLORIANIHOF
Florianigasse 45
1080 Wien
www.florianihof.
jimdo.com

Inmitten der Josefstadt findet man es, das junge Café Florianihof. Ein »aus alt mach neu Projekt« – in klarem und einfachem Design, aber auch nicht zu hip. Es gibt hier gutes, vielseitiges und relativ günstiges Essen und eine nette Atmosphäre. Das liegt wahrscheinlich auch an dem jungen Team, das mit viel Liebe das Café Florianihof gestaltet und verwaltet. Das Lokal ist zum größten Teil ein Nichtraucher-Lokal, jedoch kann man sich in den wärmeren Jahreszeiten auch im netten Schanigarten niederlassen.

Café Hummel

Die Speisen sind ausgezeichnet, der Service wienerisch und die Atmosphäre nach der Renovierung ausgesprochen angenehm. Eine Wiener Kaffeehausinstitution, die schon seit drei Generationen in den Händen der Familie Hummel liegt. Besondere Kaffeekreationen und – ein absolutes Schmankerl – das »Wiener Mayonnaise-Ei« kann man hier bestellen und genießen. Nicht ganz so wienerisch, aber trotzdem ein nettes Extra: In der modernen Sportsbar kann man das eine oder andere Fußballspiel inklusive Fiaker-Gulasch erleben. Eine interessante Mischung, die einen Besuch wert ist.

CAFÉ HUMMEL
Josefstädter Straße 66
1080 Wien
www.cafehummel.at

Café Berg

Gemütlich, belebt und freundlich ist es seit rund 20 Jahren fester Bestandteil der Wiener Kaffeehauskultur, das Café Berg. Aber das wirklich erwähnenswerte Merkmal ist, dass es seit jeher auch eine Fixlocation der Wiener Schwulen-, Lesben- und Transgender Szene ist. Das moderne Interieur in gediegener Altbau-

CAFÉ BERG
Berggasse 8
1090 Wien
www.cafe-berg.at

Café Hummel

Atmosphäre ist ein gut gelungener Mix aus alt und neu. Stuck meets Leder, quasi. Auch beim Essen trifft so einiges aufeinander und die Speisekarte hat von morgens bis abends Feines zu bieten. Als Begleitung zum Dinner gibt es in diesem Kaffeehaus auch nicht unbedingt Kaffee, sondern besonders gute Weine!

Café Freud

CAFÉ FREUD
Berggasse 17
1090 Wien

Irgendwo zwischen französischem Künstlercafé und Alt-Wiener Kaffeehaus besticht das Café Freud durch einzigartigen Charme. Den Namensgeber kennen wir ja alle und wer noch mehr wissen will, kann im Freud-Museum gleich nebenan noch mehr erfahren. Alle zwei Monate kann hier Wiener Liedern gelauscht werden, jeden zweiten Mittwoch wird philosophiert, Lesungen und französische Konversation finden ebenso statt. Das Angebot umfasst aber natürlich auch die klassische Kaffeehausküche – verfeinert durch französische Schmankerl wie Crêpe. Das Café Freud mag man. Also, Bon Mahlzeit!

Café am Keplerplatz

Das Café am Keplerplatz ist nicht nur eine fantastische Zeitreise in die 80er-Jahre, es ist auch in Sachen Frühstück ein Genuss. Dunkles Holz, viele Spiegel und noch viel mehr Gold an Wänden und Decken finden wir darin und diese sind – wider Erwarten – ganz und gar nicht aufdringlich. Die Bedienung ist wahrlich eine Seele von einem Menschen, die einem das ausgezeichnet schmeckende Frühstück mit Charme und Witz serviert. Für alle Föhnfrisur- und NDW-Fans kann die nächste Adresse dann wohl nur Keplerplatz 8 heißen.

CAFÉ AM
KEPLERPLATZ
Keplerplatz 8
1100 Wien

Café Raimann

Wer als Wiener noch nicht im Café Raimann gesessen hat, der kennt Wien nicht wirklich. Die ursprungsbehaftete Kaffeehaus-Atmosphäre lässt Wien erleben wie es tief in seiner Seele ist. Dasitzen, Kaffee trinken und beobachten heißt die Devise. Die unterschiedlichen Gäste des Lokals entstammen allen möglichen sozialen Schichten und machen den Aufenthalt erst so richtig interessant. Das Essen kommt zwar aus keiner Haubenküche, ist aber allemal sein Geld wert. Abends wird es dann so richtig

CAFÉ RAIMANN
Schönbrunnerstraße 285
1120 Wien
www.caferaimann.at

voll und Wiens 12. Bezirk feiert in den Morgen hinein. Außer an Sonn- und Feiertagen. Da hat man im Café Raimann Ruhetag.

Café Weidinger

CAFÉ WEIDINGER
Lerchenfelder Gürtel 1
1160 Wien

Wer zum Trinken aufgelegt ist, ist hier genau richtig. Und das auch schon zur Morgenstund. Zwischen 7:00 Uhr früh und 1:00 Uhr nachts kann man hier seine Bierchen zischen oder an einer Melange nippen. Imperial ist es hier nicht, aber angenehm ranzig und perfekt um zu versumpfen. Im Keller gibt es eine Kegelbahn die oft ausgebucht ist und oben versammeln sich alte Polstermöbel die herrlich nach Zigarette duften. Von außen sieht man es dem Café Weidinger nicht an, aber innen ist mehr drin, als man erwartet. Wahres Wien von seiner herrlich schmutzigen Seite.

Salettl

SALETTL
Hartäckerstraße 80
1190 Wien
www.salettl.com

Das Salettl ist vor allem in den Sommermonaten sehr gut für einen Besuch geeignet. Draußen im Grünen ein leckeres Frühstück genießen – das kann schon was. Sein einzigartiger Charme und die deftige, köstliche Küche tragen zu einer gemütlichen Atmosphäre bei. Da gibt es vom Wiener Frühstück bis zum Erdäpfelpuffer-Burger so einiges zu entdecken. Auch im Winter ist es gemütlich, denn da wird dann wohlig warm eingeheizt. Das Salettl ist und bleibt eine Institution der Döblinger Gastro-Landschaft, die erwähnt und besucht werden muss.

Besser Essen Besser Leben

2 x in Wien
4., Margaretenstraße 9
9., Alserbachstraße 1

www.blueorange.co.at

CORNS N`POPS
WIENS ERSTE MÜSLIBAR
SAMT COFFEESHOP!

Misch dir aus über 50 Zutaten dein eigenes Müsli, genieße frische Pancakes und einen aromatischen Bio Mocca aus der nahen Kaffeerösterei.

Für abwechslungsreiche Mittagsgerichte und hausgemachte Mehlspeisen ist ebenfalls gesorgt.

Gumpendorfer Straße 37
1060 Wien
office@cornsnpops.com
www.cornsnpops.com

Foto (c) Hans Schö

DIE HIPPEN JUNGEN

Neue Zeiten, neue Sitten. Die altehrwürdigen
Wiener Kaffeehäuser haben junge Kumpanen
in den Straßen Wiens bekommen. Möbel
ohne Lederüberzug, Kellner ohne Anzug und
Kaffee aus modernen Tassen. Heutzutage
wird Design anders interpretiert und Qualität
ganz neu definiert. Die Kaffeehäuser des 21.
Jahrhunderts sind Schauplatz von ganz neuen
Diskussionen und die Advokaten der Kaffees
verkörpern sich in den Koffeinbars, wo »zurück
zum Ursprung« nicht heißen muss, dass nicht
experimentiert werden kann. Seht selbst, wo
sie zu finden sind!

SZENE CAFÉS

Man geht schon gerne in die Alt-Wiener Kaffeehäuser und genießt die Atmosphäre. Aber, wenn wir ehrlich sind, dann wird der tägliche Nachmittagskaffee meistens nicht am Ring, sondern eher im Univiertel konsumiert und das Ambiente ist meist nicht altehrwürdig sondern modern und frisch. Die Preise sollen leistbar sein und das Klientel so wie die Kellner: nett, freundlich und vielleicht ein bisschen Bobo. Wenn man auf der Suche nach einem Café mit dem gewissen Etwas abseits von Biedermeier und Glaslustern ist, dann findet man in diesem Kapitel, was man sucht.

Caffè Delia's

Klein und charmant ist das Delia's Caffè an der Ecke Tuchlauben. Das trendige Café bietet sieben verschiedene Kaffeesorten und eine chillige Atmosphäre. Für die Röstung des Delia's Caffè werden ausschließlich edelste, handverlesene Arabica-Hochlandbohnen verwendet. Auch die Speisen lassen nicht zu wünschen übrig: von Mohnschnecken über Nusspolster für die Naschkatzen über Joghurt mit Früchten bis hin zu verschieden belegten Paninis. Das gesamte Angebot gibt es auch zum Mitnehmen!

CAFFÈ DELIA'S
Tuchlauben 8
1010 Wien
www.caffedelias.com

schrittesser SPECK & BAR

Eigentlich kein Kaffeehaus-Klassiker, aber definitiv erwähnenswert. Denn das ist ein kleines Kärnten in Wien. Und zwar nicht nur in Sachen Speck und Kas, sondern auch in Sachen Kaffee natürlich. Der San Giusto – Sapore della

SCHRITTESSER
SPECK&BAR
Reichsratsstraße 11
1010 Wien
www.schrittesser.at

schrittesser SPECK & BAR

Carinzia hört sich zwar wie ein Italiener an, ist aber der Kaffee einer Rösterei aus dem tiefen Kärntnerland. Mit Sorgfalt und Bedacht verarbeitet und mit Liebe im Schrittesser zubereitet wird aber nicht nur der Kaffee, sondern die besonderen Spezialitäten: süße Kärntnernudeln und der Kärntner Reindling. Yum!

Stadtkind

STADTKIND
Universitätsstraße 11
1010 Wien
www.stadtkind.at

Eine gelungene Mischung aus Kaffeehaus und französischem Bistro in unmittelbarer Uni-Nähe. Hier gibt es rund um die Uhr Frühstück und abends gute Cocktails und feine Gaumenfreuden. Viel Wert wird auf Bio-Produkte gelegt, was auch beim Kaffee zum Vorschein kommt: Für die Stadtkind Kaffee-Röstung werden ausschließlich feinste Arabica Bohnen aus biologischem und Fair Trade-zertifiziertem

Anbau in Bolivien, Nicaragua und Sumatra verarbeitet. Den Stadtkind-Kaffee gibt es auch zum Kaufen und Mitnehmen!

Cuchina

Das Cuchina in der Nähe des Schwedenplatzes ist eine ideale Anlaufstelle für alle, die in der City vegetarisch/vegan frühstücken oder Mittagessen wollen. Das Lokal ist nicht gerade groß und besticht mit liebenswertem Charme sowie ökologisch nachhaltiger, kreativ-leckerer Küche. Die im Lokal geführte Bio-Greißlerei erlaubt es dem Gast auch gleich ein paar feine Zutaten zum Selberkochen mitzunehmen. Also eigentlich nicht nur ein Kaffeehaus, aber definitiv ein guter Ort, um Kaffee zu trinken. Der schmeckt hier nämlich auch empfehlenswert gut!

CUCHINA
Lilienbrunngasse 3
1020 Wien
www.cuchina.at

Supersense

Im Supersense darf man neben Kaffee auch in die Welt der Polaroids und der alten Technik eintauchen. Zwischen Kameras, Druckmaschinen und Lampen kann man in dem Denkmalgeschützten Dogenhof-Gebäude seinen Kaffee schlürfen, frische Köstlichkeiten genießen und was noch viel wichtiger ist: selbst aktiv werden. Denn die Sinne sollen im Supersense aktiviert werden und auch zum Einsatz kommen. Sehen, hören, fühlen und schmecken könnte man auch frei übersetzen und hieße in diesem Fall: Polaroids, Vinyl, Kalligraphie und Kaffeehaus. Ein absolutes »must sense« Café.

SUPERSENSE
Praterstraße 90
1020 Wien
www.supersense.coma

Rochus

ROCHUS
Landstraßer Hauptstraße 55-57
1030 Wien
www.rochus.at

ROCHUS1090
Liechtensteinstraße 42
1090 Wien
www.rochus1090.at

Das Rochus gibt es zweimal. Ja, einmal das Rochus im Dritten, in Rot gehalten mit guten Weinen und direkt am kulinarisch verführenden Rochusmarkt. Kein Wunder also, dass auch die Küche des Rochus zum Frühstück, Mittag- und Abendessen ein Schmaus ist. Ja und das zweite – das ist das Rochus 1090 in der Liechtensteinstraße. Und das besticht vor allem mit einmaligem Design. Unten mehr Bar und oben mehr Restaurant, aber definitiv auf jeder Ebene einen Besuch wert. Was diese beiden Orte gemeinsam haben ist nicht nur der Name, sondern Kaffeetrinken kann man sowohl im dritten als auch im neunten Bezirk sehr gut.

blueorange

BLUEORANGE
Margaretenstraße 9
1040 Wien

Alserbachstraße 1
1090 Wien
www.blueorange.co.at

Das blueorange ist ein Lokal, das sich ganz und gar der Nachhaltigkeit verschrieben hat. Von der Stromversorgung über die 2Go-Becher bis hin zu den Zutaten ist hier alles umweltbewusst und fair. So auch der Kaffee, der aus Fair Trade Bohnen zubereitet wird und herrlich schmeckt. Neben leckeren Heißgetränken gibt es hier aber auch Bagel zum Verlieben – von pikant über vegan bis ausgefallen kommen sie in allen Formen und Geschmacksrichtungen vor. Und auch vom Ambiente her lässt es sich hier gut aushalten: im Winter drinnen, im Sommer entspannt draußen im Freien. Definitiv einen Besuch wert!

blueorange

Radlager

So unterschiedlich die einzelnen Elemente auch klingen mögen, aber das Radlager kombiniert gekonnt Design, Kunst und Retro-Trends mit Fahrrädern und – siehe da: Kaffee. Wer also auf Vintage-Fahrräder abfährt und die Ästhetik hinter den Gefährten schon längst entdeckt hat, der ist hier genau richtig. Den italienischen Kaffee kann man entweder vor Ort genießen oder aber mit nach Hause nehmen. Wer gar nicht mehr nach Hause will (und das könnte leicht passieren), der kann auch die Abendstunden im Radlager verbringen und sich an den Cocktails versuchen.

freiraum

Im freiraum in der Mariahilfer Straße muss man vor allem am Wochenende reservieren – und das gilt sowohl zur Frühstückszeit als auch zur

RADLAGER
Operngasse 28
1040 Wien
www.radlager.
myshopify.com

FREIRAUM
Mariahilfer Straße 117
1060 Wien
www.freiraum117.at

Cocktail Happy Hour, denn ein Geheimtipp ist dieses Örtchen schon lange nicht mehr. Es ist ein wahrer Design- und Interieur- Augenschmaus. Vorne hat man durch die große Glaswand Blick auf die Passanten der »Mahü« und hinten kann man in gemütlichem Ambiente einfach nur einen Kaffee schlürfen. Den gibt's hier in verschiedensten Blends und Sorten. Empfehlenswert ist aber, wenn man schon da ist, gleich die Frühstücksboxen mitzuprobieren.

phil

PHIL
Gumpendorfer Straße 10-12
1060 Wien
www.phil.info

Ins phil kommt man zum Verweilen. Viele Bücher, gute Speisen, gemütliche Atmosphäre – Bobo Café in höchstem Stil. Besonders die Speisekarte ist mit viel Liebe erdacht worden und man findet phile lustige Wortspiele. Ganz toll ist auch, dass man die gemütlichen Sitzgelegenheiten mitnehmen, also kaufen, kann. Und nicht nur das – auch Bücher. Bei den regelmäßig stattfindenden Lesungen bekommt man einen guten Eindruck von dem, was angeboten wird. Das phil ist definitiv ein Ort für einen gemütlichen Kaffeehaus-Tag, denn die Gumpendorfer Straße war noch nie so gemütlich.

Topkino

TOPKINO
Rahlgasse 1
1060 Wien
www.topkino.at

Ein Kino im Kaffeeguide? Ja, weil im Topkino sitzt man einfach so gut und gerne – da sieht man mehr Kaffeetrinker als Kinogeher. Naja, natürlich gibt es manchmal auch das ein oder andere Bier am Abend, aber trotzdem: Küche und Kaffee sind im Topkino einfach top! Sowohl zum Frühstück als auch zu Mittag gibt es eine zwar kleine aber feine Auswahl an Speisen und dazu eine gehörige Portion Kultur. Denn wer hierher kommt, wird vom Flair so mitgerissen, dass die Diskussionen rund um Film und die Welt oft bis spät in die Nacht dauern können.

Caffè Latte

Alles, was ein gutes Lokal so haben sollte, das gibt es im Caffè Latte: feines Frühstück, ausgiebigen Brunchgenuss, überaus genießbaren Kaffee, eine tolle Speisekarte sowie feine Cocktails für den gemütlichen Tagesausklang. Vor allem für das Brunchbuffet am Sonntag sollte man schon früh genug reservieren. Zum Glück aber gibt es das Caffè Latte gleich zweimal – da kann man sich dann aussuchen, wo man lieber hingeht. Das Konzept ist das gleiche. Ein kleiner Geheimtipp: Kommt man am Geburtstag vorbei, gibt's ein gratis Gericht!

CAFFÈ LATTE
Neubaugasse 39
1070 Wien
www.neubau.caffelatte.at

Hernalser Gürtel 43
1170 Wien
www.hernals.caffelatte.at

Café Berfin

Das Café Berfin besticht mit seinem ausgezeichneten Couscous und auch sonst mit noch vielen orientalischen Spezialitäten. Hier kann man zum Beispiel auch türkischen Kaffee bestellen oder sich gemütlich auf Pölstern niederlassen und eine Shisha genießen. Im Sommer bieten sich die kleinen Tische vor dem Lokal an um in der Sonne zu baden und die Zeit ein bisschen zu vergessen. Wer also

CAFÉ BERFIN
Siebensterngasse 46
1070 Wien

nach ein bisschen südländischem Flair sucht, ist hier richtig!

Dachboden – 25hours Hotel

25HOURS HOTEL –
DACHBODEN
Lerchenfelder Straße 1-3
1070 Wien
www.25hours-hotels.com

Die tolle Aussicht vom Dachboden des 25hours Hotel sucht in Wien seinesgleichen. Aber auch Einrichtung, Service und Angebot können überzeugen: einer unserer liebsten Orte in Wien. Vor allem das Brunchbuffet möchte man nicht verpassen. Man zahlt zwar seinen Preis, aber dafür kann man sich danach richtig verwöhnen lassen. Und zwar mit wirklich hochwertigem Angebot und Sekt inklusive. Einfach nur Kaffeetrinken oder aber auch mal länger bleiben und Cocktails trinken kann man hier – und die Atmosphäre ist unschlagbar. Am liebsten würde man gleich ein Zimmer im 25hours Hotel buchen.

Das Möbel

DAS MÖBEL
Burggasse 10
1070 Wien
www.dasmoebel.at

Was vorerst ein Möbelgeschäft hätte werden sollen, ist jetzt ein Café in der Burggasse. Nein, viel besser: ein Möbelgeschäft und ein Café. Im Möbel kann man sozusagen »probesitzen« und danach entscheiden, ob man den Stuhl, das Sofa, den Tisch oder die Lampe so gut findet, dass man sie auch in den eigenen vier Wände platzieren möchte. Das eigentliche Geschäft in der Gumpendorfer Straße gibt es natürlich auch – aber Möbelshoppen ist doch plötzlich viel spannender geworden, jetzt wo man dazu auch Kaffee genießen kann, oder?

Café Europa

Das Café Europa ist und bleibt ein zeitloser Tipp im 7. Bezirk, wo Lokale grundsätzlich ein ständiges Auf und Ab erleben. Es bietet sowohl für Nachtschwärmer als auch für Ganztages-Kaffeetrinker immer etwas Gutes – das Europa hat nämlich täglich von 9:00 bis 4:00 Uhr früh Frühstück und warme Küche. Aber vor allem das Frühstücksbuffet am Wochenende muss man einmal probiert haben. Da gibt es, angelehnt an den Namen, nicht nur österreichische Küche – und das in Form eines abwechslungsreichen Brunch-Buffets. Und weil das Café Europa fast immer für seine Gäste da ist, ist auch immer jemand da! Da kann's dann schon auch voll werden an diesem schönen Ort im 7. Bezirk.

CAFÉ EUROPA
Zollergasse 8
1070 Wien
www.europa-lager.at

Espresso

Das Espresso ist ein echtes Wohlfühlcafé mit 50er-Jahre-Flair und einer anständigen Auswahl an köstlichen Gerichten. Frühstückstechnisch eine einmalige Adresse, bei der kulinarisch jeder seinen Platz findet. Denn das Espresso bietet neben den handelsüblichen Frühstücksvarianten auch Vegetarisches, Veganes und Innovatives. Später gibt es ständig wechselnde Tagesgerichte, die auf der Facebook-Seite angekündigt werden. An Wochenenden findet immer wieder mal ein nettes Konzertchen oder sonstiges Programm statt und dazu gibt es natürlich immer den perfekten Kaffee.

ESPRESSO
Burggasse 57
1070 Wien
www.espresso-wien.at

Café Nil

CAFÉ NIL
Siebensterngasse 39
1070 Wien
www.cafenil.at

Wenn man Nil hört dann denkt man an arabische Gerichte, Ägypten und vielleicht kommt sogar ein bisschen Hitze im Gemüt auf. Das ist nicht falsch gedacht, denn hier werden orientalische Getränke und Speisen angeboten. Aber aufgepasst! Der Name kommt aus einer ganz anderen Ecke. Nämlich aus den Zeiten, wo es in Österreich noch die NIL Zigaretten gab. Genau, danach ist das Café Nil nämlich benannt – und das, obwohl es jetzt ein Nichtraucherlokal ist. Dort kann man zwar nicht unbedingt so gemütlich sitzen wie sonst wo, denn das Café wurde mit original ägyptischen Holzstühlen ausgestattet, aber das Ambiente ist trotzdem sehr einladend und der Kaffee absolut sein Geld wert.

Café Orient

CAFÉ ORIENT
Neubaugasse 59
1070 Wien
www.cafeorient.at

Das Café Orient hat sich bereits einen Namen gemacht. Und das, obwohl es nicht zu den größten Lokalen in der Neubaugasse gehört. Die Falafel und der arabische Schnaps, der Arak, haben überzeugt. Und nicht nur das. Im Café Orient finden immer wieder Veranstaltungen statt und Künstler haben die Möglichkeit ihre Werke an den Wänden auszustellen. Wer nach würzigen Kaffeevarianten sucht, wird auch hier fündig: der arabische Kaffee mit Zimt und Kardamom sorgt für Wärme am Gaumen und lässt den Orient im Café Orient lebendig werden.

Ulrich

Vor allem wegen dem spitzenmäßigen Frühstück verdient sich das Ulrich einen Eintrag
in dieses Büchlein, denn das ist wirklich toll.
Dementsprechend muss man aber auch früh
genug reservieren, will man einen ausgiebigen
Brunch-Vormittag hier verbringen. Später am
Abend wird's nicht viel anders, denn auch die
Wein- und Bierauswahl können wir weiterempf-
fehlen. Kaffeetrinken darf man hier sowieso
jederzeit und Mittagsmenüs gibt es auch. Ja,
ins Ulrich geht man gerne.

ULRICH
St. Ulrichsplatz 1
1070 Wien
www.ulrichwien.at

Café der Provinz

Eine Mischung zwischen Waldviertel und Frank-
reich. Klingt seltsam – funktioniert aber sehr gut.
Hier gibt es Crêpe und Galette in allen Variationen und vor allem beim Frühstücksbuffet kann
man sich hier durchkosten. Jedoch muss man
schnell sein – bei dem Ansturm! Hier kann man
gut sitzen bleiben und auch mal einen »Arbeits-
tag« ins Kaffeehaus verschieben. Mit Speisen
und Getränken wird man rundum versorgt. Platz
für Laptop und Co hat man zwar wenig, aber
wenn man will ist auch das möglich.

CAFÉ DER PROVINZ
Maria-Treu-Gasse 3
1080 Wien
www.cafederprovinz.at

Espresso Hobby

Eine kleine Kaffeebar mit italienischem Flair wo
man es sich trotz wenig Platz sehr gemütlich
machen kann, fünfziger Jahre Flair einsaugt und
den Espresso aus der Faema E61 mit so viel
Genuss wie sonst nirgends trinkt. Die exklu-

ESPRESSO HOBBY
Währinger Straße 9
1090 Wien
www.espressohobby.at

sive Kaffeeröstung kommt von Suchan, einer kleinen Freistädter Rösterei, und das köstliche Tortenangebot vom Café Markusplatz. Wem der Sinn nach anderem steht genießt Freistädter Bier oder Wein aus Kirchberg am Wagram. Es gibt in Wien tatsächlich kein anderes Lokal, wo man derart guten Kaffee in original Wiener Retro Atmosphäre genießen kann. Vintage lebt!

Café Stein

CAFÉ STEIN
Währinger Straße 6-8
1090 Wien
www.cafe-stein.com

Hier kann man sich niederlassen. Und zwar lange und gerne. Denn das Café Stein ist eines dieser Lokale, wo Stammgäste gesehen werden und Leute nicht nur kurz, sondern möglicherweise einen ganzen Nachmittag lang sitzen. Aus gutem Grund – das bringt die Uni-Nähe so mit sich. Es werden Oasen für Studierende, die lernen wollen geboten, die üblichen Sonntags-Brunchler sind willkommen und das arbeitende Volk, das die ausgedehnte Mittagspause genießen möchte, hat auch immer Platz. Anno dazumal, 1995, war das Café Stein das erste Internet-Lokal in Wien und war somit eines der ganz jungen hippen Zeitgenossen.

The Connection

THE CONNECTION
Garnisongasse 11
1090 Wien
www.theconnection.at

Wunderbar – hier kann man guten Kaffee genießen, in einer sehr ansprechenden Atmosphäre (in Uni-Campus Nähe!) sitzen und gleichzeitig Gutes tun! The Connection ist ein Café, in dem Menschen mit Migrationshintergrund gezielt gefördert werden – also Kurse belegen, eine

Anstellung im Kaffeehaus erhalten und Kontakte knüpfen können! Somit wird der Einstieg ins Arbeitsleben für Migranten erleichtert. Wenn man aber im Café sitzt, bekommt man das alles gar nicht so mit. Es ist einfach nur nett – und auch nett zu wissen, dass man mit dem Kaffee den man trinkt eine gute Sache unterstützt.

Weltcafé

Gemütlich, bunt, chillig, so zeigt sich das Weltcafé seinen Gästen. Nahe am Uni-Campus gelegen, lockt das Café sein überwiegend studentisches Publikum mit herrlichem Fair Trade Kaffee und hausgemachten Köstlichkeiten. Aber nicht nur zum Kaffee trinken kann man hier verweilen – besonders zum Wochenendbrunch sollte man sich hier den Magen vollschlagen. Die Speisen im Weltcafé stammen aus biologischer Landwirtschaft und sind so vielseitig wie die Welt: egal ob indisch, italienisch, türkisch, nepalesisch oder doch traditionell österreichisch – hier isst man vorzüglich, denn das Weltcafé weiß seine Gäste zu verwöhnen!

WELTCAFÉ
Schwarzspanierstraße 15
1090 Wien
www.weltcafe.at

Landtmann's Jausen Station

Die Jausenstation mitten im Schlossgarten Schönbrunn ist etwas für Sitzenbleiber. Vor allem an sonnigen Tagen, denn hier herrscht ein wunderschönes Ambiente. Empfehlenswert ist es auch schon für den Brunch oder das Frühstück zu reservieren und den ganzen Tag zwischen Park, Prunk und Frischluft zu

LANDTMANN'S
JAUSEN STATION
Schloss Schönbrunn
Kronprinzengarten
1130 Wien
www.landtmann-
jausenstation.at

Landtmann's Jausen Station

verbring en. Das Frühstücksangebot in der Jausenstation lässt keine Wünsche offen und verspricht viel Gutes aus biologischen Zutaten. Kaffeegenüsse werden von Julius Meinl in Alt-Wiener Manier serviert und könnten sich in das Gesamtkonzept nicht besser einfügen.

Himmelblau

HIMMELBLAU
Kutschkergasse 36
1180 Wien
www.himmelblau18.at

Himmelblau ist nicht nur der Name des Cafés, sondern auch die Innenausstattung und generell das Ambiente in diesen kleinen Räumlichkeiten. Wer nach Wohnzimmeratmosphäre, hochwertigen Zutaten und italienischem Kaffee sucht, der findet all das hier. Gleich nebenan findet man auch den Kutschkermarkt, falls man gerade auf Shoppingtour ist, aber in Wirklichkeit will man eh nur im Himmelblau sitzen bleiben wenn man mal da ist, weil es ganz einfach nett ist.

KOFFEINBARS

Third Wave Coffee – die dritte Welle Cafés hat es mittlerweile auch nach Wien geschwemmt und Wien ist ja bekanntlich nicht immer die schnellste Stadt, wenn es um neue Dinge geht. Dabei ist guter Kaffee doch gar nicht so etwas Neues, möchte man meinen. Die Wiener Kaffeehäuser bekamen jedoch einst durch die zweite Welle, durch Starbucks und Co., einige Konkurrenten mehr und man hatte Angst, dass die Coffee2Go Becher die gemütliche Wiener Melange völlig ablösen würden. Dem war zum Glück nicht so und die Wiener Kaffeehausgrößen schaffen es auch neben Starbucks zu bestehen. Die dritte Welle legt nun den Fokus auf die Basis. Den Kaffee selbst. Hier ist wichtig, woher die Bohne kommt, wie man welche Sorte röstet und lagert, welche Zubereitungsmethode zu welchem Mahlgrad zu welcher Wasserhärte am besten passt und wie man die perfekte Tasse Kaffee kreiert. Manche gehen sogar so weit, dass sie eine innere Abneigung gegenüber Milch verspüren, denn nur das braune Gold ist die wahre Besonderheit. In Wien poppen sie hoch, die Koffeinbars, die Espressi und die individuellen Läden. Das freut uns und das haben wir für euch gesammelt.

Kaffeeküche

KAFFEEKÜCHE
Schottentor Passage 8
1010 Wien
www.kaffeekueche.at

Die Kaffeeküche überzeugt mit einem sehr einfachen, aber ebenso erfolgreichen Konzept: guter Kaffee, Bio, ein paar einfache, aber sehr leckere Speisen und besonders viel Liebe zum Detail. Heiß- und Eisgetränke schmecken hier um einiges besser als die altbekannten Inhalte von Papierbechern. Die Schottentor Passage wurde definitiv aufgewertet durch dieses kleine Eckchen Glück. Nicht nur für ein schnelles 2Go, sondern auch für ein »Treffen wir uns bei der Kaffeeküche – ich wart hier auf dich (und das gerne auch lange)« ist dieser Ort zu haben. Kaffeeküche, bleib so, wie du bist!

Unger & Klein

UNGER & KLEIN
Herrengasse 6-8
1010 Wien
www.ungerundklein.at

Es gibt Zungen, die behaupten mit dem Kaffee sei es wie mit dem Wein. Die Bohne, der Anbau, das Wetter, die Ernte – alles ist wichtig um den perfekten Geschmack zu finden. Vielleicht dachten sich genau das auch die Besitzer von Unger & Klein, denn hier gibt es ebendiese Spezialitäten: Kaffee und Wein vom Feinsten. Die edle Bohne für den Heißgetränk-Genuss kommt von den Wiener Wahl-Berlinern Andraschko und ist ein Geheimtipp für Genießer. Die kleine runde Bar-Säule an der U-Bahn Station Herrengasse zieht aber ohnehin schon fleißig Besucher an und ist gerne voll. Wer also vom Nachmittagskaffee direkt zum Feierabendwein übergehen will, hat möglicherweise gerade ein Lieblingsplätzchen gefunden.

Balthasar

Einer dieser Orte, wo Kaffeekenner unter sich diskutieren können, wo aber auch Nichtkaffeekenner immer ihren Genuss haben werden. Das Balthasar in der Praterstraße. Warum haben die Kaffeekenner Grund zu diskutieren? Weil es hier einfach alles gibt. Cold Water Dripper, Aeropress, hochwertige Espressomaschinen und allerlei Gadgets, die die Third Wave eben so mit sich gebracht hat. Eigenen Kaffee gibt es natürlich auch und die gemütliche Atmosphäre wird durch die Sitzmöglichkeiten im Außenbereich und das kompetente Personal noch abgerundet. Go Balthasar!

BALTHASAR
Praterstraße 38
1020 Wien
www.balthasar.at

Akrap

Drei junge Herren mit Wurzeln in Kroatien, Kolumbien und Wien haben Akrap gegründet und damit genau den Zahn der Zeit getroffen. Ausgewählte Sorten, kleine Röstgänge und sorgfältiger Umgang mit Ressourcen. Der Shop ist gleichzeitig Café, befindet sich nur ein paar Meter von der stressigen Mariahilfer Straße entfernt und bietet den Kaffee-Junkies auch abseits von Starbucks und Coffee2Go eine Alternative. Wer dann schon in der Gegend ist und noch Zutaten für das Mittagessen oder den Kuchen zum Akrap Kaffee sucht, kann auch gleich noch dem Feinkoch nebenan einen Besuch abstatten. Da gibt es ausgewählte Zutaten für fertige Rezeptideen und Sachen, die man sonst nicht überall findet.

AKRAP
Königsklostergasse 7
1060 Wien
www.akrapcoffee.com

café.atelier

CAFÉ.ATELIER
Zieglergasse 68
1070 Wien
www.cafeatelier.at

Nikolaus Hartmann heißt die Seele des café. atelier, das Third Wave Coffee vom Feinsten anbietet. Hier wird regelmäßig an Verbesserungen und Neuerungen gearbeitet, experimentiert, an Wettbewerben teilgenommen, Interessantes zu Kaffee gelernt und auch Individuelles versucht. Als Gast kann man davon nur profitieren und das feine Lokal in der Zieglergasse nutzen, um auch selber ein bisschen Teil dieser Leidenschaft zu werden. Süßes gibt es natürlich auch – man kann es also aushalten im café.atelier.

Kaffeedruckerei

KAFFEEDRUCKEREI
Kirchengasse 27
1070 Wien
www.kaffeedruckerei.at

Betritt man den kleinen Raum, sticht einem auf Anhieb etwas ins Auge, das aussieht wie eine Sonnenbank – es ist allerdings ein Plotter. Archaische Holzmöbel, eine Art Deco Lampe aus Messing mit Glasstäben und die Getränke »Bar« verleihen dem Lokal die Atmosphäre der Ungezwungenheit eines Ateliers.
Während des Kaffeegenusses kann man hier auch noch plotten oder drucken. Eine derart alltagstaugliche Kombination existierte in Wien bis dato nicht.

kaffemik

KAFFEMIK
Zollergasse 5
1070 Wien
www.kaffemik.at

Die dritte Welle hat es fast bis zur Mariahilfer Straße geschafft – zum Glück! Denn kaffemik hat ein Konzept, das nicht lange ein Geheimnis bleiben kann. Jeden Monat wird eine andere europäische Kaffee-Rösterei vorgestellt. Funktioniert so, dass man online bei kaffemik bestellt und die Köstlichkeiten dann direkt in der Zollergasse abholt. Das Ganze ist versandkostenfrei und die Auswahl ist garantiert gut. Eine tolle Möglichkeit, neue Kaffeesorten von kleinen Röstereien, die auch außerhalb Wiens sind, kennenzulernen und zu unterstützen.

ZÅMM Coffee Collective

Hier stoßen verschiedene Welten aufeinander – oder zamm. Kaffee in Form von hochklassiger und auch experimenteller Third Wave Manier und Kunst in Form von Werken mit mindestens den gleichen Attributen. ZÅMM Coffee Collective hat sich in der Kirchengasse im 7. Bezirk einen Ort aufgebaut, wo Kunst und Kaffee gleichermaßen gewürdigt werden und man bald draufkommt, dass das Finden des perfekten Kaffeegenusses ja sowieso auch eine eigene Kunst ist.

ZÅMM COFFEE
COLLECTIVE
Kirchengasse 35
1070 Wien
www.zammcoffee.at

Kaffeemodul

Das Kaffeemodul gehört zu den Guten in Wien. Sporadische Kaffee-Trinker sowie leidenschaftliche Kaffee-Liebhaber kommen hier gleichermaßen auf ihre Kosten. Es gibt Kaffee-Klassiker in allen Variationen: stark, schwarz, leicht, mit Milch, ohne Milch, große Tasse, kleine Tasse, Schaum, kein Schaum – aber immer von einer guten Bohne. Auch die Zubereitungsarten variieren: Da gibt es die klassische Espres-

KAFFEEMODUL
Josefstädter Straße 35
1080 Wien
www.kaffeemodul.at

somaschine, eine Aeropress, French Press, Chemex, Siphon-Kaffeemaschine oder einfach Filterkaffee. Und das alles natürlich auch 2Go. Wer jetzt irgendwo zwischen Kaffee und Chemex ausgestiegen ist, kann es sich im Café auch gemütlich machen und sich vom Personal beraten lassen – das hilft gerne weiter.

POC – People on Caffeine

POC – PEOPLE
ON CAFFEINE
Schlösselgasse 21
1080 Wien

Hier gibt es, abseits vom traditionellen Wiener Kaffeehaus, eine ganz andere Art der Kaffeehauskultur. Ausgewählte Röstungen, experimentierfreudiges Personal, individuelle Mischungen und das bei nicht einmal allzu hohen Preisen. So eine Pappbecher-Kultur kann sich sehen lassen, denn obwohl es nicht so aussehen mag, Qualität wird hier besonders groß geschrieben. POC – People on Caffeine verbindet Kaffee-Leidenschaft mit Dynamik und heraus kommt einer der genussvollsten Koffein-Kicks seit langem. Und das Ganze noch dazu in Uni-Campus Nähe – was will man mehr.

Caffè a Casa

CAFFÈ A CASA
Servitengasse 4A
1090 Wien
www.caffeacasa.net

Dritte Welle at its finest. Hier gibt es eigene Röstungen, ausgewählte Sorten und rundum steht der Kaffee im Mittelpunkt. Im Caffè a Casa hat man sich zum Ziel gemacht, die »perfekte« Tasse Kaffee zu finden – und das für jeden Gast. Da ist man auch selbst gefragt wenn man seinen Geschmack definieren muss, denn es gibt hunderte verschiedene

Aromen, die einen Kaffee ausmachen. Das Caffè a Casa bietet nicht nur frischen Kaffee, hier kann man ihn auch für zu Hause kaufen und dazu noch ein paar Cookies naschen. Auf jeden Fall einen Besuch wert!

Caffè Couture

Im Caffè Couture wird man vom Meister bedient. Und das buchstäblich. Denn der Besitzer und Gründer des Caffè Couture ist mehrfacher Champion in allen möglichen Kategorien der Kaffeekunst und das merkt man als Gast definitiv. Von dem Farmer über die Bohne bis zum fertigen Espresso – hier kann man alles mitverfolgen und wenn man will sogar selber lernen. Kurse werden hier nämlich auch angeboten. Dann kann man auch mal die Bohnen kaufen und sich selbst an der Kaffeekunst versuchen. Wahren Kaffeegenuss im Kaffeeparadies – das findet man hier.

CAFFÈ COUTURE
Garnisongasse 18
1090 Wien
www.caffecouture.com

Coffee Pirates

Die Coffee Pirates haben sich nicht nur geografisch gut positioniert indem sie ihren Shop/ ihr Café 2012 gegenüber des Alten AKHs eröffnet haben, sondern vertreten auch ganz explizit die Ansichten der Third Wave Coffee Bewegung und haben sich somit auch in Sachen Kaffeequalität ganz klar positioniert. Hier findet man ausschließlich Fair Trade oder Direct Trade, eigene Röstung, ausgebildete Baristi und ausgezeichnete Beratung. Bei den Coffee

COFFEE PIRATES
Spitalgasse 17
1090 Wien
www.kaffeepiraten.at

Pirates kann man zwar auch online einkaufen, aber ein Besuch im Shop lohnt sich!

The Roast

THE ROAST
Augasse 21
1090 Wien
www.the-roast.com

Hochwertige Arabica Bohnen, enge Beziehung zu den Kaffeebauern und eigene Röstung. Die richtigen Indizien für guten Kaffee können schon hier erkannt werden. Aber im Roast wird nicht nur selbst geröstet, sondern auch noch vor den Gästen! Die Rösttrommel befindet sich nämlich im Café selbst und ist sozusagen in die Theke integriert. Nachdem die Singles – also die einzelnen Sorten – ihre individuelle Röstung hinter sich haben, werden sie ausgewählt vermischt und gemahlen. Dass Mischverhältnis, Mahlgrad und Zubereitungsart perfekt aufeinander abgestimmt sein sollten, muss man im Roast nicht extra dazusagen. Diese Challenge haben sie schon lange aufgenommen.

Baristarie

BARISTARIE
Linzerstraße 403
1140 Wien
www.baristarie.at

Wenn man sich mit Kaffee schon richtig gut auskennt, dann bekommt man hier alles, was man gerne hätte: spezielle Sorten, die »etwas andere« Zubereitungsmethode und Baristi, die wissen was sie tun. Gerade die machen aber den Besuch auch für Kaffee-Amateure zu einem Genuss, denn wer nach Beratung sucht, dem wird gerne geholfen. Neben Kaffee gibt es in der Baristarie aber auch Tees und hausgemachte Leckereien. Vorbeikommen und ausprobieren!

Espressomobil

Espressomobil

Dieses Konzept kann nur funktionieren: man nehme eine Dreirad-Vespa, stelle eine Espressomaschine darauf und positioniere einen Barista davor – et voilá – der beste »Coffee to Go« – und das im wahrsten Sinne des Wortes – ist geschaffen. Das Espressomobil zieht seit einiger Zeit an die schönsten Plätze Wiens und verbreitet vorzüglichen Kaffee-Duft. Ein sehr beliebter Standort ist zum Beispiel das Alte AKH. Das Angebot an Kaffeevariationen ist zwar klein und fein, aber durchaus ausreichend und man kann seinen Genuss sogar noch mit süßen Kleinigkeiten verfeinern. Und wer das Espressomobil ganz für sich alleine haben will, der kann es sogar für private Anlässe mieten.

ESPRESSOMOBIL
www.espressomobil.at

Cafe Stadtkind (c) Cafe Stadtkind

STADTKIND

CAFE STADTKIND
Universitätsstraße 11
1010 Wien
www.stadtkind.at

Mo - Fr 8:00 – 24:00 Uhr
Sa - So: 9:00 – 24:00 Uhr

Reservierungen unter
01 961 95 22

Wo einst Stephan Zweig und Anton Wild-
gans („Ich bin ein Kind der Stadt") verkehrten, eröffnete jetzt das Cafe Stadtkind,
eine zeitgemäße und zeitlose Interpretation
urbaner Gastlichkeit.

Dieser neue Hotspot für Urbanisten bietet
Frühstück und Essen bis Mitternacht und
eine wechselnde Wochenkarte. Besonders
beliebt sind die selbstgemachten Bio-
Sodas, der Fairtrade-Bio-Kaffee aus eigener
Röstung, sowie Hadmar- und Augustiner-
Bier vom Fass.

SERIENTÄTER

Einmal ist keinmal, heißt es. Zweimal kann bestimmt nicht schaden. Und STADTBEKANNT ist überzeugt, dass Gewisses auch in Serie einfach herrlich ist. Ein schneller Coffee2Go zum Beispiel. Oder ein kleines Kalorienbömbchen vielleicht. Das haben sie nämlich gemeinsam, die Konditoreien, Cupcakes-Läden und die Kaffeeketten. Man muss einfach immer wieder hin. Entweder, weil man nicht widerstehen kann, oder weil sie einfach überall sind. Macht euch gefasst auf den Fahrplan für Serientäter!

DIE SÜSSEN WIENER

Wie ist es doch so schön. Nachmittags im Kaffeehaus und eigentlich hat man doch nur Gusto auf feine Dinge wie es sie früher nur bei Oma gab. Ein Kuchen, ein Apfelstrudel oder gar Topfenknödel. Herrlich verführerisch Süßes, das gibt es in den folgenden Lokalen. Wenn nämlich nicht nur der Kaffee, sondern auch das was mit ihm kommt wichtig ist, dann braucht man die richtigen Anlaufpunkte.

Gerstner

1847 gründete Anton Gerstner eine Zucker-bäckerei im Herzen Wiens. Das »süße Wien« verführt seine Gäste mit Köstlichkeiten, die ihren Ursprung in der Kaiserzeit haben. Hier erhält man auch heute noch typische Wiener Naschereien wie etwa verschiedenste Torten, Strudel und Konfekt. Ein interessanter Kontrast zur A. Gerstner K&K Hofzuckerbäckerei auf der Kärntner Straße ist das La Cité im Peek & Cloppenburg, das ebenfalls von Gerstner betrieben wird.

GERSTNER
Kärntner Straße 13-15
1010 Wien
www.gerstner.at

Ullmann's

Wenn Industrial-Design auf Laura Ashley, Plastikluster und feine Patisserie trifft, dann ist man im Ullmann's im 2. Bezirk gelandet. Man sitzt sehr bequem im Ullmann's, die Inneneinrichtung ist angenehm anzusehen und das Service fast makellos. Das Frühstück in der Zuckerbäckerei schmeckt auch hervorragend. Besonders hervorzuheben sind noch die zwei opulent bestückten Vitrinen. Darin befinden

ULLMANN'S
Walcherstraße 11A
1020 Wien
www.ullmanns.at

sich ein Auswahl an sündhaften Torten, frischen Strudeln und einer großen Menge an Pralinen.

Felzl Bäckerei

FELZL BÄCKEREI
Pilgramgasse 24
1050 Wien

Kaiserstraße / Ecke
Westbahnstraße
1070 Wien

Schottenfeldgasse 88
1070 Wien
www.felzl.at

Felzl ist mehr als eine Bäckerei. Das Lokal bietet Frühstück, gesunde Alternativen zum Mittags-Junk und eine immense Auswahl an handgemachten Broten und Gebäck. Man schmeckt die Frische der Zutaten und freut sich über gesunde Kreationen. Auch die Brote und Snacks sind ohne schlechtes Gewissen zu genießen. Bei den Mehlspeisen ist es ebenfalls schwer Nein zu sagen, die sind nämlich genauso lecker wie sie aussehen. Der Kaffee in der Bäckerei Felzl ist übrigens von ILLY, aus Überzeugung, und der Tee aus biologischem Anbau.

Brass Monkey

BRASS MONKEY
Gumpendorfer Straße 71
1060 Wien
www.brassmonkey
vienna.com

Wer auf der Gumpendorfer Straße unterwegs ist und plötzliches Verlangen nach Süßem verspürt, darf auf keinen Fall an diesem Lokal vorbei gehen. Neben zum Teil auch veganen Cupcakes werden diverse Torten, Cookies sowie geschmacklich sehr guter Kaffee serviert, der von einer griechischen Rösterei bezogen wird. Die Besitzerin des Lokals ist nämlich Griechin. Außerdem gibt es hier den »Vegan Monday«, an dem nur pflanzlich hergestellte, feine und vor allem süße Sachen in die Vitrine kommen. Probieren ist Pflicht!

Corns n'Pops Müsliparadies

Bei Corns n'Pops gibt es einfach alles, was sich das Müsli-liebende Herz nur so wünschen kann. Flakes, Nüsse, Früchte, mit Milch, mit Joghurt, zum Mitnehmen oder zum vor Ort genießen. Entscheidet man sich für die Sitzenbleiber-Variante wird man reichlich belohnt – nicht nur mit den Müslivariationen – sondern auch mit der gemütlichen Wohnzimmer-Atmosphäre. Außerdem werden im Lokal auch Speisen wie Quiche oder Salate angeboten. Wenn's ums Kaffeetrinken geht, wird auf Fair Trade Kaffee der Rösterei ALT WIEN gesetzt. Leckerschmecker!

CORNS N'POPS
MÜSLIPARADIES
Gumpendorfer Straße 37
1060 Wien
www.cornsnpops.com

CupCakes Wien

Wer die Wahl hat, hat die Qual. Das CupCakes Wien bietet ein fantastisches Sortiment an Cupcakes. Cupcakes mit Streusel, Cupcakes mit Perlen und Blattgold, in rosa und blau, mit Schoko und mit Himbeeren. Feinstes vom Feinsten. Sogar pikante Cupcakes sind mit dabei. Drei Lokale gibt es mittlerweile schon und jedes ist herzig süß und niedlich eingerichtet. Auch das Personal lächelt einem in rosa Rüschen-Schürzen zu. Wahrlich paradiesisch. Ein Festmahl für alle Naschkatzen und definitiv ein Plätzchen, wo man nicht nur zum Kaffeetrinken hingeht.

CUPCAKES WIEN
Josefstädterstraße 17
1080 Wien

Albertgasse 17
1080 Wien

mumok
Museumsplatz 1
1070 Wien
www.cupcakes-wien.at

Cupcakes Manufaktur

In der Cupcakes Manufaktur gibt es, was das Herz an Süßem und Verführerischem begehrt. Und trotzdem möchte man am liebsten alles

Zwetschken ... **ow018**

... Plum Brownie

...hner, Natron, Rohrzucker, ... Sojamilch, ... gavensirup, Schoko, getr...

€ 2,80

Schoko Vanille Cupcake

Chocolate Vanilla Cupcake

Dinkelmehl, Sojamilch, Apfelessig, Rohrzucker, Rapsöl, Vanillesirup, Kakao, Backpulver, Natron, Salz, Schlagcreme, Vanillezucker

€ 3,20

Happy Cakes

CUPCAKES
MANUFAKTUR
Liechtensteinstraße 16
1090 Wien
www.cupcakes-
manufaktur.at

nur anschauen und nicht reinbeißen – so herzig sehen die Kreationen aus. Von Cupcakes über Cakepops und Hochzeitstorten ist hier alles zu finden – in jeglichen Designs und für jeden Anlass ist etwas dabei. Und wer lernen will die süßen Köstlichkeiten selber zu machen, für den werden hier sogar Kurse angeboten. Für die restlichen Liebhaber empfiehlt es sich im Shop vorbeizuschauen und zum Kaffee ein, zwei oder drei Törtchen zu verdrücken. Aber wenn man einmal am schönen Schaufenster vorbeigeht, kann man ja sowieso nicht mehr widerstehen.

Happy Cakes

Wer meint, dass Kuchen, Muffins, Törtchen und Cupcakes unbedingt Schlagobers- und Butterbomben sein müssen, der sei hier eines Besseren belehrt: Die herzliche und herzige

Mehlspeis- und Kaffee-Tankstelle mit dem treffenden Namen Happy Cakes bäckt nämlich vegan. Neben den verlockenden Süßspeisen in der Vitrine bietet Happy Cakes auch mehrere Frühstücksvarianten an. Dazu trinkt man am besten Kaffee mit Mandelmilch, Sonnentor Tees und leckere Fruchtsmoothies. Ein besonderer Geheimtipp sind die originellen Bio-Biere der Brauerei Gusswerk. Im Sommer heißt es also: mit Kuchen und Kaffee oder Bierchen ab in den Schanigarten!

HAPPY CAKES
Nordbergstraße 6A
1090 Wien
www.happycakes.at

Café-Konditorei Ingrid Bürger

Die Café-Konditorei Ingrid Bürger überzeugt nicht mit Design und Interior, sondern – viel wichtiger – mit göttlich köstlichen Mehlspeisen. Esterhazyschnitte, Schokotorte, Kardinalschnitte, Pralinen und sonstiges Süßes – ein wahres Paradies. Berühmt berüchtigt ist der Krapfen in der Café-Konditorei Ingrid Bürger – der soll nämlich der beste Wiens sein. Innen klein und fein und von außen recht unscheinbar, verbergen sich im Lokal alle möglichen Schätze. Eine großartige Wiener Konditorei, die man unbedingt einmal besucht haben muss.

CAFÉ-KONDITOREI
INGRID BÜRGER
Servitengasse 12
1090 Wien

Pure Living Bakery

Die Expansion ging schnell – seit 2007 die erste Pure Living Bakery eröffnet hat, gibt es mittlerweile schon ganze drei Locations inklusive Garten und allem drum und dran. Der Erfolg ist aber auch kein Wunder bei diesem Konzept!

PURE LIVING BAKERY
Altgasse 12
1130 Wien
www.purelivingbakery.com

In dieser »Bäckerei« gibt es allerlei feine Dinge, ganz nach amerikanischem Vorbild: Cinnamon Rolls, Muffins, Cookies und alles was das süße oder auch pikante Herz begehrt. Beim Kaffee wird auf Direct Trade gesetzt – die Bohne für das Heißgetränk wird also direkt beim Farmer gekauft. Was außerdem noch anders ist als bei den anderen: Man kann hier auch Küchen- und oder Badezimmerutensilien kaufen und somit vielleicht sein zu Hause genauso bunt gestalten, wie die Pure Living Bakery.

Bäckerei Schwarz

BÄCKEREI SCHWARZ
Auhofstraße 138
1130 Wien
www.bswien.at

Die Bäckerei Schwarz ist eine Wiener Traditionsbäckerei mit derzeit 18 Bäckerei-Fachgeschäften im Großraum Wien. Das Sortiment erstreckt sich über eine große Auswahl an Mehlspeisen, Naschereien, Gebäck und Brot, sowie verschiedensten kleinen Snacks und Imbissen. Einige der Filialen haben auch am Sonntag geöffnet, wie zum Beispiel die Filiale in der Linzerstraße 400 in Hütteldorf. Brot und Gebäck kommen zudem mehrmals täglich frisch gebacken ins Geschäft!

12 munchies

12 MUNCHIES
Türkenschanzstraße 2/3
1180 Wien

Es ist noch nicht lange her, als das 12 munchies am Aumannplatz seine Pforten öffnete. Mittlerweile hat sich der kleine Laden abseits von Bobotown zur Institution für süße britisch-amerikanische Kalorienbomben durchgesetzt und auch die pikante Küche kann sich sehen lassen. Inspiriert ist die Speisekarte vom traditionellen britisch-amerikanischen Essen. Was das heißt? Tartes, Pies, Muffins, Brownies, selbstgebackenes Brot, Cupcakes, Quiches und dergleichen stehen von süß bis salzig, von klein bis groß auf dem Menüplan.

Guerilla Bakery

Das Prinzip der Guerilla Bakery ist denkbar einfach: Einmal im Monat findet ein Pop-Up Event statt, bei dem saftige Cupcakes, flaumige Muffins und herzhafte Cookies (alles mit Liebe selbstgebacken) in einer Privatwohnung verkauft werden. Die Details, wo und wann so ein Guerilla Bakery Event stattfindet, erfährt man über ihre Facebookseite. Alles, was man mitnehmen muss: ordentlich Hunger, Zuckerresistenz und seine eigene Tupperware, denn die drei Schwestern schauen auf Mutter Natur (deswegen sind übrigens auch alle verwendete Zutaten rein biologisch).

GUERILLA BAKERY
www.guerillabakery.at

KAFFEE NON-STOP

Aida

AIDA
30 Mal in Wien
www.aida.at

Seit mehr als 100 Jahren versüßt AIDA die Kaffeelandschaft Wiens. Die rosa-braunen Filialen haben bereits Kultstatus. Und Kultstatus haben auch die Gäste im AIDA. Von Frührentnern und Anzugträgern über Kaffeepausengenießer bis hin zu Schülergrüppchen werden die Kaffeehausbesucher von den Kellnern begrüßt. Ob sie immer kommen oder nur zum Schauen da sind weiß man nicht so genau, aber die süßen Verführungen sind immer einen Besuch wert. Neben ausgezeichnetem Kaffee gibt es viele schmackhafte Nachspeisen, wie etwa eine Topfen-Weichsel-Schnitte, handgemachte AIDA-Makronen und als Liebeserklärung an Wien sogar einen Steffl aus Schokolade.

Campus Suite

Die Campus Suite ist das Produkt eines weit
verbreiteten Problems: In Uni-Nähe Alternativen
zwischen Hochpreislokal und ungenießbarer
Mensaküche zu finden. Vor einigen Jahren
wurde die Campus Suite im 9. Bezirk unweit
der Universität Wien eröffnet und bietet
besonders für eine schnelle Mittagspause ein
reichliches Angebot an Kaffee, Snacks und
Kuchen. Endlich eine feine Auswahl an Gerichten und Köstlichkeiten zum Mitnehmen. Auch
den Geschmackstest hat die Campus Suite
bestanden. Top!

CAMPUS SUITE
Währinger Straße 2
1090 Wien

Donau-City-Straße 6
1220 Wien
www.campussuite.de

Coffee Day

Café Coffee Day, auch bekannt unter CCD
oder einfach Coffee Day, ist eine Kette welche
in Indien gegründet wurde und sich heute mit
mehr als 1.000 Shops zum größten Anbieter
seiner Art in Indien gemausert hat. In Wien gibt
es derzeit nur 2 Filialen, aber es kann wohl nicht
mehr lange dauern bis uns eine dritte beglückt.
Der Kaffee der hier serviert wird kommt von
4.000 Hektar Anbaufläche in Asien. Gute
Arbeitsbedingungen und eine möglichst geringe
Umweltbelastung werden groß geschrieben und
deshalb hat Coffee Day auch als erste Kaffee-
Kette in Indien das UTZ-Zertifikat erhalten.

COFFEE DAY
Dr-Karl-Lueger-Ring 10
1010 Wien

Tegetthoffstraße 7
1010 Wien
www.coffeeday.com

Coffeeshop Company

Das österreichisches Familienunternehmen
Coffeeshop Company wurde 1999 gegründet

COFFEESHOP
COMPANY
14 Mal in Wien
www.coffeeshop
company.com

und hat sich ausschließlich auf Hochland-Arabica-Kaffeesorten spezialisiert, welche sich durch ihre höhere Qualität gegenüber Robusta-Kaffeesorten auszeichnen. Österreichische Wurzeln, österreichische Röstung, dachte man sich und so wird zu 100 Prozent in Österreich geröstet. Die Shops bieten ein großes Sortiment an Kaffee-, Tee- und Schokoladespezialitäten, sowie eine Auswahl an kleinen Snacks. Die Kaffeesorten und die Tee-Linie sind auch im Online-Shop erhältlich.

McCafé

MCCAFÉ
39 Mal in Wien
www.mcdonalds.at

McDonald's ist wohl jedem von uns ein Begriff und somit auch das McCafé. Das erste McCafé wurde 1993 in Australien eröffnet und trat seither seinen Siegeszug um den Planeten an. Alleine in Wien gibt es über 30 McCafés. Neben sämtlichen Variationen von Heißgetränken, sei es nun Cappuccino, Espresso oder heiße Schokolade, erhält man auch Smoothies und Frappés. Natürlich gibt es auch eine Auswahl an Süßem zum Dazunaschen. Für ganz Eilige wird auch ein Frühstück angeboten.

Segafredo

SEGAFREDO
10 Mal in Wien
www.segafredo.at

Unter dem Motto »ein starker Partner – zwei starke Marken« setzt Segafredo Zanetti Austria auf eine Zweimarkenstrategie um dem wachsenden Qualitätsbewusstsein der Hotellerie und Gastronomie nicht nur mit italienischem Espresso, sondern auch mit Original Wiener

Kaffee für Kaffeehaus und Frühstück zu entsprechen. Mittlerweile gibt es in Österreich 50 Segafredo Espressi, weltweit wurde dieses Konzept bisher 500 mal erfolgreich umgesetzt.

Starbucks

Starbucks, unter anderem bekannt aus den Instagram-Fotos diverser Fashionblogger. 1971 eröffnete in Seattle das erste Geschäft. Heute existieren mehr als 15.000 Coffee Houses in 50 Ländern, und damit ist Starbucks der größte Röster und Anbieter von Kaffeespezialitäten der Welt. Auch in Wien gibt es mittlerweile 13 Starbucks-Filialen. Hier erhält man Kaffee in allen Variationen und Geschmacksrichtungen, saisonal gibt es immer wieder Specials. Den Kaffee und verschiedene dazugehörige Accessoires kann man sich auch für zuhause kaufen.

STARBUCKS
13 Mal in Wien
www.starbucks.at

Tchibo/Eduscho

Tchibo/Eduscho ist mit rund 150 Filialen Spitzenreiter am österreichischen Röstkaffeemarkt, insbesondere wenn es um den persönlichen Einkauf für zu Hause geht. Angesichts der Produktpalette fragen sich viele Kunden sicherlich, was es bei Tchibo eigentlich NICHT gibt. Zukünftig will Tchibo nur noch nachhaltig angebauten Rohkaffee einsetzen. Dieser soll nicht nur geschmacklich und sensorisch, sondern darüber hinaus auch ökologische und soziale Aspekte berücksichtigen. Wir sind gespannt!

TCHIBO/EDUSCHO
30 Stehcafés in Wien
www.eduscho.at